विश्व रिकॉर्ड धारक
अंतरराष्ट्रीय साहित्यिक मंच
KB Writers
की प्रस्तुति

यादों का दर्पण

साझा काव्य संग्रह

~ सम्पादक ~

आचार्या नीरू शर्मा, संजय कुमार राव, चन्दन केशरी

www.kbwriters.com

KB Writers

बाबुबाँक, झाझा, जिला – जमुई (बिहार) 811308
website :- www.kbwriters.com
email :- kbwritersofficial@gmail.com
Call :- 8873000900

चन्दन केशरी
संस्थापक एवं संपादक

कुन्दन केशरी
अध्यक्ष एवं संचालक

आचार्या नीरू शर्मा
संपादिका

संजय कुमार राव
संपादक

हमारी विशेषताएँ

- विश्व रिकॉर्ड धारक साहित्यिक मंच
- 47 से अधिक देशों से हमारे पाठक
- 10 से अधिक देशों से हमारे रचनाकार
- जुलाई 2020 से निरंतर कार्यरत
- विभिन्न पुस्तकें प्रकाशित

प्रकाशन वर्ष :- 2025   © रचनाकार

प्रस्तावना

प्रिय साथियों,

के० बी० राइटर्स अंतरराष्ट्रीय साहित्यिक मंच की पुस्तक "यादों का दर्पण" आप सभी के सम्मुख प्रस्तुत है। इस पुस्तक में कुल 66 रचनाकारों की रचनाएँ सम्मिलित हैं। इस संग्रह के संपादक आचार्या नीरू शर्मा, संजय कुमार राव व चन्दन केशरी हैं।

इस पुस्तक में संकलित रचनाएँ समृद्ध, सुंदर और प्रेरणादायक हैं। पुस्तक में प्रकाशित सभी रचनाएँ प्रेम, प्रकृति, जीवन, समाज, धर्म, राष्ट्र आदि विविध विषयों पर लिखी गई हैं। सभी रचनाएँ अलग-अलग विषयों पर लिखी जाने के कारण यह पुस्तक आपको अवश्य पसंद आएगी।

"यादों का दर्पण" संग्रह एक ऐसी पुस्तक है जो हर उम्र के पाठकों को अपनी ओर आकर्षित करती है। इस पुस्तक में विभिन्न प्रकार की भावनाओं का समावेश है।

हमें आशा है कि आप सभी इस पुस्तक को भी वैसा ही प्यार और आशीर्वाद प्रदान करेंगे जैसा हमारी अन्य पुस्तकों, त्रैमासिक पत्रिका एवं विशेषांकों को देते आए हैं।

आपके बहुमूल्य व महत्वपूर्ण सुझावों एवं समीक्षाओं की हमें सर्वदा प्रतीक्षा रहेगी।

धन्यवाद

सम्पादकीय

यादों के पिटारे से इक दर्पण निकाला है,
चलो उसमें ख़ुद को ज़रा निहार लें,
उठाकर क़लम उन यादों को पन्नों पर सजा लें!!

हार्दिक अभिनंदन!

सम्माननीय सुधीजनों, हिन्दी भाषा व साहित्य की राह पर अग्रसर रहते हुए और अनेकों कीर्तिमान बनाते हुए आपका प्रिय विश्व रिकार्ड धारक अंतरराष्ट्रीय साहित्यिक मंच "के० बी० राइटर्स" बहुल विषय-केंद्रित व त्रैमासिक ई-पत्रिका जागृति के संग 37 पुस्तकों का सफल प्रकाशन करके 38वीं पुस्तक "यादों का दर्पण" प्रकाशित करते हुए आह्लादित महसूस कर रहा है।

विद्वद्जनों, यादें हमारे जीवन का एक महत्वपूर्ण हिस्सा होती हैं। ये हमें बचपन से.. युवा, फिर बुज़ुर्ग होने तक खुशी, ग़म और अनेकानेक अनुभवों की याद दिलाने के साथ उन बीते पलों की रोमांचक यात्रा फिर से करा देती हैं जिन्हें हमने हृदय रूपी तिज़ोरी में बंद कर दिया हो। मित्रों, इस पुस्तक में संकलित रचनाओं को पढ़कर आपको अनेकों पलों को जीने का अवसर मिलेगा।

सुधीजनों, 'यादों का दर्पण' पुस्तक में सभी रचनाकारों ने अपनी बेहतरीन सृजनात्मकता को प्रस्तुत किया है। अत: मैं के० बी० राइटर्स की टीम सहित सभी सुधी, सम्मानित व श्रेष्ठ रचनाकारों को उनके उत्तम कृतित्व के लिए हृदयतल से धन्यवाद करते हुए उनके स्वस्थ, सरल व खुशियों से भरे जीवन की कामना करती हूँ।

प्रिय स्नेहीजनों, इस विश्वास के साथ कि हमारी अन्य पुस्तकों की भांति इस नवीन पुस्तक को भी आपका स्नेह व आशीर्वाद मिलेगा, हम यह पुस्तक आपके कर-कमलों में सौंपते हैं।

धन्यवाद
-आचार्या नीरू शर्मा
सम्पादिका

सम्पादकीय

प्रिय पाठकों,

साहित्य-साधना के प्रति समर्पित अंतरराष्ट्रीय साहित्यिक मंच 'के० बी० राइटर्स' की तरफ से 38वें पुष्प के रूप में 'यादों का दर्पण' (साझा काव्य संग्रह) प्रस्तुत करते हुए अपार हर्ष का अनुभव हो रहा है। यह आप सभी साहित्यानुरागी पाठकों के स्नेह तथा सम्मानित रचनाकारों के समर्पण से ही सम्भव हो सका है। प्रस्तुत पुस्तक में जीवन के विविध रंगों से परिपूर्ण काव्य-रचनाएँ आपको पढ़ने को मिलेंगी, कहीं वर्तमान सामाजिक परिवेश तो कहीं यादों का प्रतिबिम्ब, कहीं ज्वलंत मुद्दे तो कहीं विशुद्ध साहित्यिक व्यंजना, कहीं श्रृंगार तो कहीं गम्भीर चिन्तन। आशा करता हूँ, हमारी अन्य पुस्तकों की भाँति ही यह पुस्तक भी आपको पसन्द आएगी।

पुस्तक के मुद्रण तथा प्रकाशन के स्तर पर यद्यपि पूरी सावधानी बरती गई है, फिर भी यदि कहीं कोई त्रुटि मिलती है तो निस्संकोच अपनी टिप्पणी/सुझाव से हमें अवगत कराएँ।

आप सुधी पाठकों का स्नेह तथा सहयोग हमें अनवरत मिलता रहे, यही कामना है।

धन्यवाद
– संजय कुमार राव
सम्पादक

सम्पादकीय

आप सभी को करते अर्पण, अपनी यह 'यादों का दर्पण'।

जिसमें कुछ लिखी है यादें, जिसमें कुछ लिखे हैं वादे।

अपने दिल से आपके लिए, हम मिलकर मुस्कान लिख रहे।

हम हिन्दी के रचनाकार, हिन्दी का उत्थान लिख रहे।

प्रिय पाठकों,

हमारा के० बी० राइटर्स अंतरराष्ट्रीय साहित्यिक मंच हिन्दी साहित्य के उत्थान हेतु निरंतर कार्यरत है और इसी कड़ी में आज हम अपनी 38वीं पुस्तक "यादों का दर्पण" के साथ आप सभी पाठकों के सम्मुख सहर्ष उपस्थित हैं।

हिन्दी साहित्य एक सागर है, जिसमें मोतियों को ढूंढकर हमने पुस्तक रूपी मोतियों की माला बनाई है, जिसे पहनकर आप हर्ष का अनुभव करेंगे।

हम यदि दीपक की बाती हैं तो आप उसका प्रकाश, और दीपक का अस्तित्व तभी है जब वह इस जग को प्रकाशमान करे। हम रचनाकारों को आप सभी पाठकों का सहयोग ही साहित्य के इस विशाल पर्वत पर चढ़ने का हौसला प्रदान करता है।

यह पुस्तक 'यादों का दर्पण' भी आप सभी पाठकों के स्नेह की अभिलाषी है और हमें विश्वास है कि आप सभी पाठकों का स्नेह इस पुस्तक को अवश्य मिलेगा।

धन्यवाद
- चन्दन केशरी
सम्पादक

आभार

प्रिय साथियों,

        किसी भी पुस्तक का प्रकाशन एवं सफलता बिना सबके सहयोग के संभव नहीं है। के० बी० राइटर्स अंतरराष्ट्रीय साहित्यिक मंच उन सभी विद्वान एवं कुशल रचनाकारों के प्रति हृदयतल से आभार व्यक्त करता है जिन्होंने अपने अनुपम एवं हृत्प्रिय रचनाओं से इस साझा काव्य संग्रह "यादों का दर्पण" को दैदीप्यमान कर दिया।

        हमारा मंच उन सभी सहयोगियों के प्रति भी अंतस से आभार व्यक्त करता है, जिन्होंने प्रत्यक्ष या परोक्ष रूप में इस साझा काव्य संग्रह के प्रकाशन में अपना अप्रतिम सहयोग प्रदान किया।

        हमारा मंच उन सभी पाठकों का भी आभारी है जिन्होंने इस संग्रह का अवलोकन कर इसे हृदयस्थ कर आशीर्वाद दिया।

        आगे भी हमारा मंच आप सबके सहयोग से एक से बढ़कर एक उत्कृष्ट काव्य / कहानी संग्रहों का प्रकाशन कर हिन्दी साहित्य के उत्थान में अपना शुचि योगदान प्रदान करता रहेगा।

पुन: आभार सभी का।

- कुन्दन केशरी

(अध्यक्ष एवं मंच संचालक)

के० बी० राइटर्स अंतरराष्ट्रीय साहित्यिक मंच

विषय सूची

आइए!
शुरु करते हैं...

नव रामायण

पीतवस्त्र धारण किए,
राज महल त्याग दिए,
हाथ में धनुष लिए,
वन को हैं जाय रहे।

बीच में हैं सीय प्रिये,
पीछे हैं लखन भाई,
जो भी उन्हें देख रहे,
मन को लुभाय रहे।

पहुँचे प्रयाग राज,
मिले हैं निषाद राज,
गंगा कैसे पार होगी,
उन्हें समझाय रहे।

फल फूल खाय रहे,
कुटिया बनाय रहे,
चित्रकूट वास कर,
हँसि मुस्काय रहे।

सबरी का प्रेम देख,
जूठे बेर खाय रहे,
कोई ऊंच नीच नहीं,
जग समुझाय रहे।

अनुसुइया दर्श पाय,
सीता रहीं मन भाय,
ज्ञान ध्यान मर्म कर्म,
प्रेम से बताय रही।

सीताजी को मृग भाया,

डॉ० कुमार वर्मा
(पता :- बाराबंकी, उत्तर प्रदेश)

समझी न छल माया,
सीता का हरण हुआ,
श्रीराम घबराय रहे।

भक्त हनुमान पाय,
फूले नहीं मन समाय,
दुष्ट बाली अंत कर,
सीय खोज जाय रहे।

रावण के अंत को,
जय विभीषण संत को,
सुग्रीव सेना सँग लिए,
लँक बढ़े जाय रहे।

रावण का अंत हुआ,
जय श्री राम दिगंत हुआ,
सीता मिली राम जी को,
अयोध्या को आय रहे।

किस तरह स्वीकार कर लूँ

आँसुओं से गाल गीले,
गम प्रलय सा ढा रहे।
देखकर जख़्मी जिगर,
धड़कन विरह को गा रहे।
पीर पर्वत हो गये हैं,
कब तलक साकार कर लूँ।

डॉ० कुमार वर्मा
(पता :- बाराबंकी, उत्तर प्रदेश)

काम अच्छे ही किए पर,
गालियां जमकर मिलीं।
सूखी वाली रोटियों को,
थालियां कब कब मिलीं।
आंसुओं से शब्द नम हैं,
कौन कारोबार कर लूँ?

या तो बंटाधार कर लूँ
या सुधारूं कठिन पल।
कौन सा इजहार लिख के,
काम एक दमदार कर लूँ।
कौन सी खुशियाँ बुलाऊँ?
बन्द अत्याचार कर लूँ।

अश्रु के सँग नमक पीकर,
प्यास कब बुझती भला।
कौन सा त्योहार लाऊँ,
और मिला दूँ हर गला।
आह की परवाह खातिर,
कौन सा किरदार कर लूँ।

भाई जान

हरदम वो बात करते हैं अपने ही ज्ञान की।
चिंता नहीं है अक्सर खुद के मकान की।

पैसे नहीं हैं जेब में होंगे तो बैंक में,
क्रेता बने हैं फिर रहे वह आसमान की।

दौलत को जिस किसी ने माई बाप कह दिया,
समझो गुमा दी है चाभी अपनी दुकान की।

नफरत की आग ले कर करते हैं रोड शो,
बाजी लगाई है भला क्या खुद के जान की।

दुनिया जहान याद है, ये अच्छी बात है,
पर फिक्र नहीं रखते घर, भाई जान की।

डॉ० कुमार वर्मा
(पता :- बाराबंकी, उत्तर प्रदेश)

फागुन के दिन आये

डॉ० कुमार वर्मा
(पता :- बाराबंकी, उत्तर प्रदेश)

फूलों की खुशबू को पीकर,
हवा चली पुरवाई है।
मटरफली गेहूँ की बाली,
पायल सी खनकाई है।

बाग बगीचे हुए मगन हैं आम बौर से बौराये।
फागुन के दिन आये भैया फागुन के दिन आये।

पँखो पर रंगों को पोते,
तितली लगते हैं ज्यों तोते।
सरसों से पीला बिखरा है,
कृषक देख मन हर्षित होते।

रँग बिरंगे फूल देखकर बाल वृन्द मुस्काये।
फागुन के दिन आये भैया फागुन के दिन आए।

दोनों हाथ अबीर लिये हैं,
जैसे राधा और किसन।
रँगों की पिचकारी कहती,
रंगोगे तन तो रँगेगा मन।

देवर भाभी मगन भाव से आपस में हैं रंग लगाये।
फागुन के दिन आये भैया फागुन के दिन आये।

रंगों से धरती रँगी है,
फागुन अपना रंग दिखाए।
गुझिया की मीठी सी खुशबू,
सबको अपने पास बुलाये।

ढूँढ़ ढूँढ के गले मिल रहे, देखो कोई छूट न जाये।
होली के दिन आये भैया होली के दिन आये।

अलबम

डॉ० कुमार वर्मा
(पता :- बाराबंकी, उत्तर प्रदेश)

बाहों में सदा प्यार से वो पालती रही।
झूला भी अपने आस पास डालती रही।

काजल लगा के आँख में टीका भी गाल मे,
नजरों की रोकथाम दुआ मांगती रही।

उंगली पकड़ के चलना मुझको सिखाया माँ ने,
यादों के चित्र सारे अलबम में डालती रही।

ब्रेकफास्ट को बनाया फिर माँ ने ही सजाया,
जब तक न लौट आया वो ताकती रही।

लोरी सुनाके मुझको माँ भी सो गई,
आँखों को मूंदकर के मुझको चूमती रही।

महापुरुषों की कुछ कहानी कुछ वीरता के किस्से,
चित्रों को मन मस्तिष्क में माँ टाँगती रही।

बचपन के खेल सारे कांधे पे हाट जाना,
भीड़भाड़ सारी नज़रों में घूमती रही।

ये आँख नम हुई है तस्वीर देखकर के,
ऐसा लगा कि मुझ को माँ झाँकती रही।

शिव गौरी विवाह

नन्दी पर सवार चले,
हिमगिर के द्वार चले।
भोले की बरात चली,
करते जयकार चले।

बदन में भस्म पोते,
हाथ ले त्रिशूल चले।
गले में भुजंग डाल,
भोले भंडारी चले।

दूल्हे संग गण चले,
पीकर के भंग चले।
अद्भुत बारात बनी,
ले कर उमंग चले।

डमरू बजे डम-डम,
नर-मुंड हार डाले।
अद्भुत सिंगार ऐसा,
रूप-रंग सब निराले।

साँप चले बिच्छू चले,
हाथी घोड़ा मोर चले।
नाना पशु-पक्षी चले,
करते खूब शोर चले।

कोई मोटे, कोई नाटे,
कोई हाथ पाँव बिन।
मुख के आकार बहु,
कोई तो मुखार बिन।

वस्त्र भी विचित्र थे,
विचित्र रूप-रंग थे।
उमंग देख-देख कर
देवता भी दंग थे।

नाच रहे भूत सँग,
परेत, भूत, डाकिनी।
वाद्य-यंत्र पीट रहीं,
ढोलक पिशाचिनी।

सकल जवार चली,
देव दूत सारे चले।
ब्रह्मा चले, विष्णु चले,
पीछे सब सारे चले।

सजा था हिमाचल द्वार,
और सजे पकवान थे।
भाँति-भाँति राज गण,
सब बने मेहमान थे।

गौरा की बारात आई,
देखन को सब धाए।
ये कैसी बारात है,
जो भी देखे डर जाए।

देख के दमाद निज,
कोसे राज काज़ को।
मैना पीटैं माथ निज,
विधि दगाबाज को।

नारद समझाये मातु
शिव गुण गाय रहे।

डॉ० कुमार वर्मा
(पता :- बाराबंकी,
उत्तर प्रदेश)

भाग्यवान गौरी हैं,
गुण हैं गिनाय रहे।

गौरा अति ज्ञानवान,
मातु गईं बात मान।
शुभ काज होगा आज
शुरू हुआ गीत गान।

फागुन की चतुर्दशी,
भाँवर हुई सात बार।
सफल विवाह हुआ,
गूँज उठी जयकार।

हर हर महादेव !
ॐ नमः शिवाय !

तुमसे बढ़कर कौन है

एक जानी पहचानी सी सूरत,
ममता की मूरत,
मिलती है,
मुझसे रोज,
अलसुबह जगूँ तो,
और रात्रि सोने चलूँ तो,
और अक्सर दिन में भी,
जो जीती है शांत,
और रहती है साया-सी मौन।
क्या आप सोच सकते हैं,
कौन?

और हाँ,
जब कभी नहीं मिलती,
तो मैं निकल पड़ता हूँ,
उससे मिलने के लिए,
पुराने घर के आँगन में,
जहाँ दिख जाती है मुझे,
गोदी में लिटाकर चकिया पीसते हुए।
करती जी जान से बढ़कर प्यार है,
और करती मुझसे अपार दुलार है।
रहता सदा सम्मान है,
रहता दिल में ख़ास स्थान है।
परन्तु अब,
अब ईश्वर की सहेली है वो।
प्रकृति की एक पहेली है वो।
ईमानदारी, संस्कार,
सबका ध्यान सिखाती है।
उसे प्रेम के बीज बोना पसंद है,
और छुप के बो जाती है।

डॉ० कुमार वर्मा
(पता :- बाराबंकी, उत्तर प्रदेश)

गोद में लिए बच्चे को,
आँचल से ढककर,
दूध पिलाती औरत ..
की तरह,
एक माँ,
मेरी माँ।
और उसके आगे,
कलम भी हो जाती,
मौन है,
कि माँ!
हे माँ !
तुमसे बढ़कर कौन है?

लिख दिया

लैला-मजनू लिखते-लिखते मैंने रांझा-हीर लिख दिया।
मधुर लबों की मधुराई को मैंने मीठी खीर लिख दिया।

आँखों के बहते आँसू से विरह बताओ लिखता कौन,
कलम उठाकर, थोड़ा रोकर, मैंने मन की पीर लिख दिया।

असफलता की हर आंधी को जब तक सधा, साधकर रखा,
माथे की तिरछी रेखा को फिर फूटी तकदीर लिख दिया।

डॉ० कुमार वर्मा
(पता :- बाराबंकी,
उत्तर प्रदेश)

फूटी कौड़ी पास नहीं थी, फिर भी सूरज चांद खरीदा,
भले रात का ये सपना था, पर अपनी जागीर लिख दिया।

जिनका भी जमीर मुर्दा है, वे कब नीर बहा सकते,
धन-दौलत हो लाख भले पर, मैंने उन्हें फकीर लिख दिया।

कैसी भाषा बोल रही

कोमल कलियों ने कब पूछा,
कैसे वे श्रृंगार करें।
कलियाँ फिर सूखे फूलों पर,
कैसे ना ऐतबार करें।

डॉ० कुमार वर्मा
(पता :- बाराबंकी, उत्तर प्रदेश)

पुरवाई की तेज गति ने,
घूँघट को ललकार दिया।
आँखों के काजल ने हँस कर,
आमन्त्रण स्वीकार किया।

उपवन का माली तोड़ेगा,
फिर वो तुमको बेचेगा।
गठरी में कस कर बांधेगा,
तनिक नहीं वो सोचेगा।

पगडंडी पर उड़ी तितलियाँ,
तेरे गम को समझेंगी।
अपने पँख भले नुच जाएँ,
तेरे गम को पी लेंगी।

अर्चन-वंदन करते करते,
सुर के साधक मौन हुए।
हर विपदा के वे हलकर्ता,
कहाँ हुए या कौन हुए!

तन वृन्दावन, मन वृन्दावन,
अंतर्मन को खोल रही।
नादां दिल भी समझ न पाया,
कैसी भाषा बोल रही।

गीत लिख जाता है

प्रथम कुपित कोरे पन्ने ने एक कलम से प्रश्न किया।
गीत एक भी लिख ना पाए कैसा जीवन मित्र जिया।
मन के भाव शब्द में सन कर लिखने वाले कहाँ गए?
कल मैंने अखबार पढ़ा था कलमकार बिक जाता है।
कोई गीत नहीं लिखता है, गीत स्वयं लिख जाता है॥

डॉ० कुमार वर्मा
(पता :- बाराबंकी,
उत्तर प्रदेश)

गम की कोई दवा नहीं है, होती हो तो बतला देना।
ज़ख्मी जिगर विरह गाता है, जख्म जरा दिखला देना।
विरह भरे बिस्तर की चादर तकिया भीगी मिलती है,
एक आँख का कोई आँसू बहकर सब कह जाता है।
कोई गीत नहीं लिखता है, गीत स्वयं लिख जाता है॥

खपरैलों में छेद देख कर प्रात किरन घुस जाती हैं।
धरती पर सोए निरहू को किरणें रोज जगाती हैं।
श्रम करने वालों की नींदें बहुत बहुत गहरी होतीं,
हिम्मत से भरपूर श्रमिक तो तनिक नहीं घबराता है।
झोले की बासी रोटी से दिन की भूख मिटाता है।
कोई गीत नहीं लिखता है, गीत स्वयं लिख जाता है॥

कभी चाँद की श्वेत चाँदनी घर आँगन महका जाती।
कभी जरा सी खुशबू पाकर तितली मधुरस पा जाती।
हवा पकड़ के हाथ मेघ को हरी धरा दिखलाता है।
हर श्रृंगारी कवि लिखता है प्रेम विरह गा जाता है।
कोई गीत नहीं लिखता है, गीत स्वयं लिख जाता है॥

देश-प्रेम में मर मिटने का मन्त्र वीर दे जाता है।
पीठ नहीं दिखलाता वो तब हर दुश्मन थर्राता है।
जिस मिट्टी पर खेला खाया उस पर ही मर जाता है।
लिए तिरंगा वन्देमातरम जन-गण-मन वो गाता है।
कोई गीत नहीं लिखता है, गीत स्वयं लिख जाता है॥

बैठे ठाले

बहुत हो गया है दिवस मनौव्वल,
अब काम की कुछ बातें कर लें,
ऐसी कोई क्यों न विधा चुनें हम,
जो लोगों की हर चिंता को हर ले।

अनावश्यक ही हम उलझे रहते,
जिन बातों से कुछ न लेना न देना,
बैठे ठाले बस सोचते ही रहते हैं,
किन्तु सोच से तो समस्या निपटे न।

राजनीति कब किस करवट बैठेगी,
राजनीतिक लोग भी नहीं जानते,
कहने को तो कई नेता बन जाते हैं,
जिनकी बात समर्थक नहीं मानते।

अपनी डफली अपना राग अलापते,
ख़ुद गाते हैं और उसे ख़ुद ही सुनते,
समझ नहीं आता जब कुछ भी तो,
बैठकर सामने अपना ही सिर धुनते।

कोई ख़ुद को किसी से कम न माने,
भले ही उनको पूछता तक न कोई,
सब अपने मन के राजा हैं बने बैठे,
प्रजा ढूँढने से मिलता ही नहीं कोई।

लेखक अपनी कल्पना को दौड़ाता,
और कवि अपनी कविता की नाव,
कुछ पाठक भी मिल जाते हैं इनको,
पर इससे कहाँ कुछ होता बदलाव ?

लिखें यथार्थ पर कोई सार्थक रचना,

बाल मुकुन्द द्विवेदी
(पता :- पटना, बिहार)

तो किसी दल का ठप्पा लग जाता,
और नकारते ऊर्जा खत्म हो जाती,
'किसी भी दल से है नहीं कोई नाता'।

यदि आलोचना कर दी सत्ता पक्ष की,
तो फिर उनके निशाने पर आ जाते,
यदि विपक्ष की उधेड़ने लगे बखिया,
फिर तो इनके गुर्गे भी पीछे पड़ जाते।

अच्छा इन सामयिक बातों को छोड़,
मौसम,धरती-गगन की चर्चा कर लें,
कभी श्रृंगार,कभी विरह ,कभी किसी,
नवयौवना के नखशिख का वर्णन कर लें।

ये कभी भी शिकायत करने नहीं आते,
इनको इतनी फुरसत ही कहाँ मिलती,
ये तो सदा मग्न रहते हैं अपने में ही,
इनकी कली इनके मन में ही खिलती।

कुछ उलूल कुछ जुलूल-सा लिखकर,
आज के दिन का श्री गणेश हम करें,
जो भी शब्द और भाव सामने आये,
उनको पिरो पुष्प-कविता रचना करें।

सत्ता का खेल

बाल मुकुन्द द्विवेदी
(पता :- पटना, बिहार)

इस घर को आग लग गई है घर के चिराग से,
सत्ता के लोभ में खेल रहे हैं फिर भी आग से,
आग को पकड़ कर फेंकोगे तुम जिस तरह,
क्या जलने से बचा पाओगे हाथ को आग से!

सत्ता की तृष्णा किसी की भी शांत नहीं हुई,
जिसने भी गड्ढा खोदा उसकी सत्ता चली गई,
आपा खो देते हैं और बुद्धि भ्रष्ट हो जाती है,
जब लाख चाहने पर भी सत्ता हाथ न आई।

सत्ता का खेल अब स्वार्थ का खेल हो गया,
कल जो इनके साथ था आज कहीं आ गया,
कल जिसके लिए उसने तोड़े थे औरों से सिर,
आज उसी की मरहम-पट्टी करने यहाँ आ गया।

ऊँट किस करवट बैठेगा यह कहना है आसान,
पर नेताओं की चाल से रहते है सभी परेशान,
बेटा किसी के साथ तो पिता कहीं और है खड़ा,
अब तो नेतागण रहते हैं बनकर कहीं मेहमान।

पर सत्ता के लोभी अभी भी आस में लगे हुए हैं,
उनके हृदय में सत्ता लालसा अब भी भरी हुई है,
आ गए अगर भूल से किसी देशभक्त की फेर में,
फिर देखिए जीते-जी किसी विराने में मरे हुए है।

शर्म-हया को बेचकर जो बात शत्रु-सम करते हैं,
उनकी बातें सुनकर क्या कोई उनसे भी डरते हैं,
जिनकी अपनी ही बातों को अपने नहीं हैं सुनते,
वे तो अपनी ही मौत असमय में ही जा मरते है।

कम हो रहा है मिलना-जुलना

यों लोगों की व्यस्तता बढ़ गई,
पर कम हो गया कहीं आना-जाना,
मोबाईल ने सब खत्म कर दिया,
चिट्ठी-पत्री का भी चला गया जमाना।
सब अपने में सिमटकर रह गए,
कोई किसी के घर अब नहीं जाता,
दुनिया कहने को विकसित हो गई,
पर बदल गया सबका ठौर-ठिकाना।।

बाल मुकुन्द द्विवेदी
(पता :- पटना, बिहार)

याद करें कुछ वर्ष पहले तक,
मांगलिक कार्य में सब मिलते थे,
उस अवसर पर सब रिश्तों में,
आपस में कितनी गर्माहट रहते थे।
बच्चे-युवा-वृद्ध और महिलाएँ,
इस अवसर पर यों घुल-मिल जाते,
बिछड़ने का जब अवसर आता,
बिछोह से सबके आँख भर जाते थे।

पुनः लौटना होगा ही हम सबको,
आज के इस संकुचित समाज को छोड़,
तभी खुशहाली आएगी समाज में,
जिसमें सबके दिल से दिल जुड़ जाते हैं।।

अब कहाँ वैसी जमघट होती है,
परिवार सहित अब कहाँ कोई जाते,
अब तो अपने ही परिवार के लोग,
बस औपचारिकता निभाने भर आते।
आज लोग भले आधुनिक हो गए,
पर सामाजिकता को एकदम भूल बैठे,
संयुक्त परिवार किताबों में रह गया,
'हम दो हमारे दो' का सिद्धांत निभाते।।

कोई किसी के सुख-दुःख में अब,
बस औपचारिकता निभाने ही जाते हैं,
पर जब खुद पर विपत्ति आ जाए,
तो दूसरों से आशा करने लग जाते हैं।

तुम न आये...

बीत गये दिन रैन भी बीती
तुम न आये।
आवन कह गये आस निहारे
तुम न आये।
आस लगाकर राह निहारे
तुम न आये।
सपने जगाये बड़े मन भाये
तुम न आये।
मन उदास था आस मन में
तुम न आये।
सोच-सोच मन मुदित हुआ
तुम न आये।
उत्कंठा में सो न पाये
तुम न आये।
आतुरता में विह्वल बैठे
तुम न आये।
विश्वास था मन में तुम आओगे
पर तुम न आये।
विश्वास जगाकर बेचैनी बढ़ाये
तुम न आये।
आशंकित मन बोला 'न आओगे'
और तुम न आये।

बाल मुकुन्द द्विवेदी
(पता :- पटना, बिहार)

आओ, चलो कुछ काम करें

हो गई बहुत मटरगस्ती,
काट लिए बहुत ही मस्ती,
अब अपना कुछ नाम करें,
आओ, चलो कुछ काम करें।

बहुत अधिक हम पढ़ न पाये,
जीवन में आगे बढ़ न पाये,
घरवालों को दुखी ही किये,
अब तो कुछ आराम करें,
आओ,चलो कुछ काम करें।

अब जुगाड़ का आया ज़माना,
इसके बिना न कुछ होना जाना,
एक उपाय ही सूझता अब तो,
फिर से नाम लिखाने का इंतज़ाम करें,
आओ, चलो अब यही काम करें।

अगर हो गया वहाँ दाखिला,
समझो बंजर में फूल तब खिला,
धौंस जमाकर कर मार कुटम्मस,
ख़ुद को बहुत बदनाम करें,
आओ, जल्दी से अब यह काम करें।

घर में माँ भले फूँके चूल्हा,
बहन को मिल रहा नहीं है दूल्हा,
बाप मर रहा दमा के मारे पर,
अब उनको गुमनाम करें,
आओ, बस बचा यही एक काम करें।

कल तक हमको कोई नहीं
अपना भी कोई नहीं मानता,

बाल मुकुन्द द्विवेदी
(पता :- पटना, बिहार)

पर अब ऐसा हम कर जायेंगे ताकि,
हम पर सब अभिमान करें,
आओ, जल्दी अब ऐसा काम करें।

हमको किसी का नहीं सोचना,
अब तो हमको सबको नोचना,
करना है अब भविष्य सुरक्षित,
तो ऐसा कुछ इंतज़ाम करें,
आओ, अब उल्टा-सुल्टा काम करें।

वीर-रस भरी कहने लगे हम कविता

श्रृंगार रस के कवि भी जब,
लिखने लगें वीर रस की कविता,
तो समझ लीजिए बह चली,
अब पहाड़ तोड़कर चली सरिता।
नयन कोर जब अश्रुपूरित हो,
अंतर्मन की कहने लग जाय व्यथा,
व्यथित हृदय से कुपित हो,
रौद्र रूप में अनल बरसाए सविता।।

वाणी मध्यम और सरल भाव,
अब इससे काम नहीं है होने वाला,
अब तो चिंगारी भी धधक कर,
ख़ाक कर दे सब कुछ बनकर ज्वाला।
कुछ तथाकथित रंग बदलकर,
ओजस्वी भाषण देकर जन भड़कायेंगे,
किन्तु जागरूक जनता के आगे,
इनकी यह दोरंगी चाल न चलने वाला।।

मौन राष्ट्र देख रहा उस ओर,
जिधर से आग है अब जलने वाली,
जो भी आये विघ्न बन राह में,
अब उनकी चाल नहीं है चलने वाली।
अब तो ताल ठोककर शत्रु को,
उनके ही घर जाकर ललकारना होगा,
तभी समझेंगे वे सामर्थ्य हमारा,
अब बन्दर घुड़की से काम न चलने वाला।।

बात हमारी अस्मिता की आ गई,
अपनी वीर जवानों की आहुति देककर,
अब भी बाजू क्या नहीं फड़केगी,
अपने सपूतों की ऐसी दुर्दशा देखकर।

बाल मुकुन्द द्विवेदी
(पता :- पटना, बिहार)

अब बीच-बचाव में बिचौलिया कोई भी,
आड़े हमारे आ नहीं सकता,
अब तो रण हुँकार की गूँज से,
शत्रु काँपेगा कालरूपी मौत देखकर।।

शब्द और अर्थ

कुछ शब्द निरर्थक हैं हो जाते,
जब शब्द के भाव खो देते हैं।
फल का स्वाद हमें कैसे मिले,
जब बीज काँटे का बो देते हैं !

दयाराम के मन में दया नहीं है,
अशरफीलाल धन का मोहताज।
पवन कुमार पंगु होकर घर बैठा,
जुलुम सिंह कर रहा है राज।

अनपढ़ तुलसीदास के लिये तो,
काला अक्षर है बस भैंस बराबर।
भीमसेन को पछाड़ रहे सब,
धर्मराज बने घर-घर के चाकर।

जनता के जो सेवक कहलाते,
वे जनता के मालिक बन गये।
जहाँ किसी ने की आनाकानी,
उनके गुर्गे लड़ने को तन गये।

यही चल रहा है आज देश में,
जिसकी लाठी भैंस उसी की।
कुछ तो हो गए इतने उच्छृंखल,
उन्हें सताती न भय किसी की।

अर्थ का अनर्थ हो रहा है अब,
अर्थ अपनी मर्यादा खो रहा।
ना जाने क्या हो रहा है देश में,
क्यों अनर्थ का बीज बो रहा ?

क्या इसको ही परिवर्तन कहते?

बाल मुकुन्द द्विवेदी
(पता :- पटना, बिहार)

ऐसा परिवर्तन है किस काम का!
जब नाम शब्द ही खो रहे अर्थ,
फिर क्या जरूरत है नाम का ?

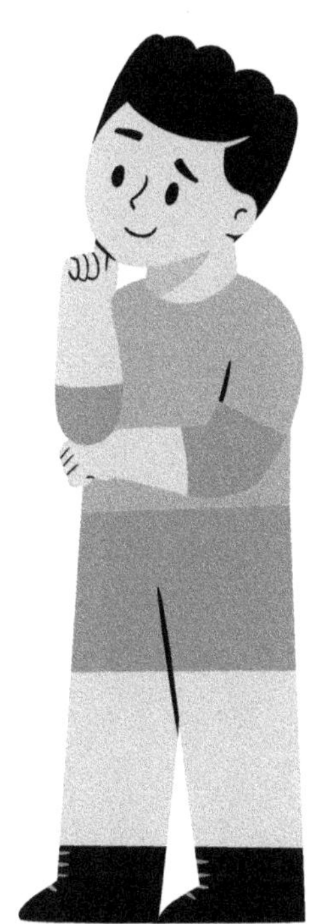

मिलने लगे गले

गला काटने वाले जो थे
मिलने लगे गले।

हम पिट्टू हैं
अनाचार के।
औ बैठे हैं
दाँव हार के।।

अविनाश ब्यौहार
(पता :- जबलपुर, मध्य प्रदेश)

काश छाछ फूँक-फूँक कर पीते
दूध के जले।

खून-खराबा
आम हुआ है।
वो अमला
बदनाम हुआ है।।

उपदा खाने वाले खुश हैं
दूजा हाथ मले।

फाग का महीना

दबे पाँव आ गया
फाग का महीना।

हो गया खुरदरे
भावों का त्यागना।
बिस्तर पर सोना
पँखुरी पर जागना।।

विपिन में कोयल की
राग का महीना।

घुली हुई साँसों में
बासंती गंध।
खुशबू पर कलियों ने
लिखे हैं निबंध।।

मगरे पर बैठते
काग का महीना।

टेसुई रंगों ने है
धोया मलाल।
मछली की किस्मत
मछुआरे का जाल।।

व्यर्थ की अला-बला
त्याग का महीना।

अविनाश ब्यौहार
(पता :- जबलपुर, मध्य प्रदेश)

सच्चा नहीं मिला

धोखेबाज बहुत हैं लेकिन
सच्चा नहीं मिला।

है ये लूटपाट
की दुनिया।
और बंदरबाँट
की दुनिया।।

अविनाश ब्यौहार
(पता :- जबलपुर, मध्य प्रदेश)

बड़े बुजुर्गों की दुनिया है
बच्चा नहीं मिला।

आज ठोस
विश्वास नहीं है।
अपना कोई
खास नहीं है।।

उनको बहुत घमंड है क्योंकि
गच्चा नहीं मिला।

मानवता यदि शेष है

मानवता यदि शेष है, पहले हो इंसान।
लोग यहाँ पर काटते, बड़े - बड़ों के कान।।

मौसम अलसाया हुआ, चैती चले बयार।
आम्रकुंज पहने हुए, हैं अमियों का हार।।

ये सरकारी तंत्र है, खोटा इसका काम।
उपदा सब कुछ खा गई, वो ललछौंही शाम।।

जो अपने मन में लिए, कुत्सित सोच विचार।
क्या कर पाएँगे वो कभी, जीवन में उपकार।।

दुनिया धोखेबाज है, सच से करती बैर।
ईश्वर के दरबार में, क्या उसकी हो खैर।।

अविनाश ब्यौहार
(पता :- जबलपुर, मध्य प्रदेश)

मन से जब भी भाव जगे

मन से जब कोई भाव जगे,
कविता हृदय से निकले।
मन में जब कोई दर्द हो तो,
तब भाव हृदय से निकले।

सुषमा सिंह "उर्मि"
(पता :- कानपुर, उत्तर प्रदेश)

जब-जब भाव जगे मन में,
तो प्रस्फुटन होता कविता का।
भावना की धारा से जब गुजरें,
तब उदय होता है कविता का !

जब अंकुरण होता कविता का,
तब झरने सी बहती है कविता।
पुष्पों की महक व मलयाचल सी,
तब लिखते हम नित नई कविता!

जब मन व्याकुल और मैं तपती,
तब दिल से ही कविता निकले।
मन में जब कोई वेदना हो तो,
भाव हृदय से जब भी निकले!

दिल से यही अरमान कुछ कर जाएँ,
सूरज सा तेज रोशन कर दे कविता।
अपनी माटी की खुशबू बिखेर जाएँ,
लिखें यूँ कलम मिसाल बने कविता!!

जीवन भी रंगों सा

जीवन भी रंगों सा होता है,
सबको समझाती है होली।
जीवन दुःख-सुख सा होता,
जैसे रंगों से भरी है होली॥

याद आज भी आती मुझको,
वो बचपन की सतरंगी होली।
खूब मस्ती और मौज करते,
लगती थी बहुत प्यारी होली॥

पिचकारी में रंग भर कर हम,
सतरंगी रंगों से खेलते थे होली।
गुझिया, पापड़ हर घर में बनते,
मिल कर सब मनाते थे होली॥

घर, आँगन, द्वार रंगों से भीगता;
बड़े, बूढ़े खेलते थे मस्ती में होली।
भेदभाव, गिले, शिकवे सब भूलकर;
गले मिल खुशी से मनाते थे होली॥

ढोल, मजीरे बाजें और गाते गीत,
रंगीन रंगों से खेलते थे सब होली।
नन्हे बच्चे जवान मिलकर सभी,
गलियों में खेलते थे सब होली॥

चलो आज फिर सब मिल खेलें,
नन्हे बच्चों वाली शैतानी होली!
खूब रंग खेलेंगे मिल आज सभी,
रंगों के बौछार का त्योहार होली!

जीवन में रंगों का महत्व सदा,

सुषमा सिंह "उर्मि"
(पता :- कानपुर, उत्तर प्रदेश)

समझाती यही सबको है होली।
प्रेम से सभी गले मिलकर आज,
मस्ती से आओ सब खेलें होली।।

सौजन्यता

यामिनी झा
(पता :- के.सी.जी., छत्तीसगढ़)

दानशीलता का गहना,
मानव मूल्य हमारा है।
जीवन विद्या का गहना,
सौजन्यता का मानव मूल्य हमारा है।

ऋषि मुनियों के सौजन्य से,
हमें मिला वेदों का ज्ञान।
गीता दर्शन के सौजन्य से,
हमें मिला आत्मा की अमरता का ज्ञान।

सुविधा से सुख नहीं,
सामान से सम्मान नहीं।
मानव का करो सम्मान तो पाओगे,
सुख के अधिकार समान।

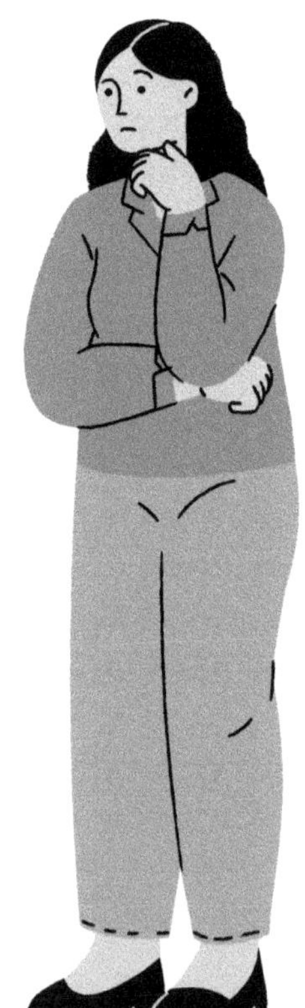

तेरी यादों में भूल जाता हूँ मैं ख़ुद को

भूल जाता हूँ,
तेरी यादों में अक्सर ख़ुद को,
कौन हूँ मैं? हूँ कहाँ से?
रहती नहीं खबर मुझको,
देखती है जिधर भी ये हमारी नज़र
बस तुम्हारा चेहरा नज़र आया हमको,
क्या हूँ? मैं हूँ कौन?
रहती नहीं खबर ख़ुद को,
बस अपने हर ख़्वाब, हर सपने के साथ
अपने पास ही पाया तुमको,
कैसे कह दूँ, तू पास नहीं हमारे,
ख़ुद से पूछो तुम्हारी साँसें भी
साथ नहीं देती तुम्हारा बगैर हमारे,
भूल जाता हूँ
तेरी यादों में ख़ुद को अक्सर...!

डॉ० विजय कुमार
(पता :- मोरनी हिल्स, हरियाणा)

यही है ज़िंदगी तो....!!

कमियों से भरे है हम इसलिए
हर कोई दामन छुड़ाना चाहता है,
हम एक कदम आगे बढ़ते हैं,
सामने वाला सौ कदम पीछे हट जाता है,
दुआ देने की बजाय हर कोई
बद्दुआ दे कर निकल जाता है।
सपने जब भी
सजने की कोशिश भी करते हैं,
वो उनके टूटने का डर उन्हें चुरा ले जाता है।
अगर यही ज़िंदगी है तो मेरा दिल भी
इससे दूर जाना चाहता है !

अलका सेठी
(पता :- जालंधर, पंजाब)

नाराजगी

न जाने मेरे अजीज, किस बात पे नाराज हैं।

क्या खता हुई किसी बात को दिल से लगाए बैठे हैं।

आँखों में आंसू लिए, कई बार आवाज दी,

न जाने क्यूं, मुँह फुलाकर बैठे हैं।

हर कोई केवल अपना ख्याल रखता है।

एक हम हैं जो सब के लिए, सर्वस्व लुटाए बैठे हैं।

मेरा भी एक सपना है, कभी तो वो देखेंगे।

अपनी आँखों में यही सपना सजाए बैठे हैं।

सब की खुशी के खातिर, हम पागल हो गए।

किसी को मेरी फ़िक्र नहीं, क्या ज़माना आ गया।

हम सब की खातिर, खुद को भुलाए बैठे हैं।

ग़म को भुलाने के लिए महफ़िल में आया,

सब के चेहरे पर मुस्कान थी।

देखा सभी पहले से बैठे हैं।

मेरे सिर पर छत नहीं, जीने को जीता हूँ मैं।

मेरे हिस्से में विष का प्याला, आज भी पीने बैठे हैं।

जो बिछुड़ गए वो आते नहीं, मरहम लगाने के लिए।

जो ज़ख्म उन्होंने दिया, सीने के लिए बैठे हैं.

परेशान हूँ जिंदगी के जंग में, उनका क्या कहना।

आँखों में आँसू है, रोने के लिए बैठे हैं।

भोला शरण प्रसाद
**(पता :- नोएडा-150,
उत्तर प्रदेश)**

जीवन पर्यन्त चलता यादों का सिलसिला

जीवन पर्यन्त चलता यादों का सिलसिला,
बीते पलों की छाया संग हर पल बीता।
कभी खिलती मुस्कान, कभी अश्रु की धार,
कभी मीठी बातें, कभी बिछड़ने का भार।

स्मृतियाँ सजाती हैं दिल के गलियारों को,
जैसे दीप सजाते हों अमावस के आकाश को।
कभी बचपन की शरारतें, कभी यौवन के ख्वाब,
कभी बुढ़ापे की बातें, कभी रिश्तों के हिसाब।

वो पहली बारिश, वो मिट्टी की खुशबू,
वो माँ की लोरी, वो आँगन का जादू।
वो दोस्तों की हँसी, वो गए थे स्कूल कल,
वो अल्हड़ जवानी, वो प्रेम के पल।

समय गुज़र जाता, पर यादें नहीं जातीं,
हर मोड़ पर आकर दिल को बहुत सताती।
कुछ यादें हँसाती, कुछ आँखें भिगोती,
पर जीवन पर्यन्त संग ही रहतीं।

जो बीत गया, वो लौटेगा नहीं,
पर यादों का सिलसिला थमेगा नहीं।
हर नए सफर में, हर नई राह में,
यादें सजीव होंगी हर एक आह में।

आकांक्षा अग्रवाल
(पता :- शालीमार बाग,
दिल्ली)

यादें नहीं बदलती..

आकांक्षा अग्रवाल
(पता :- शालीमार बाग, दिल्ली)

बदल जाता है मौसम,
गर्मियों की लू सर्दियों की धुँध में घुल जाती है,
पतझड़ की शाखें फिर हरी हो जाती हैं,
पर यादें... वो नहीं बदलती।

बदल जाते हैं शहर,
पुराने मकान नए फ्लैट में बदल जाते हैं,
गलियों की जगह चौड़ी सड़कें ले लेती हैं,
पर वो कोने जहाँ हँसे थे, वो नहीं बदलते।

बदल जाते हैं चेहरे,
वो जो अपने थे, भीड़ में खो जाते हैं,
फोनबुक के नंबर पुराने पड़ जाते हैं,
पर जो बातें दिल में बसी थीं,
वो नहीं बदलती।

बदल जाती हैं आदतें,
डायरी की जगह नोट्स ऐप ले लेता है,
खतों की खुशबू ईमेल में खो जाती है,
पर जो लफ्ज़ कभी लिखे थे,
वो नहीं बदलते।

समय का पहिया चलता रहता है,
सब कुछ आगे बढ़ता रहता है,
पर जो यादें दिल की दीवारों पर लिखी होती हैं,
वो कभी धुंधली नहीं पड़तीं।

यादों का संदूक

चाचा ने दिया सत्तू खाने को,
लकड़ी से बने डिब्बा को,
मिट्टी से बनी वस्तुओं को,
याद आया था दिमाग को,
मुझे याद संदूक की बात है।

नानी ने दिया एक रूपया,
मैंने डिब्बे में डाल दिया,
मामा ने दी किताब नई,
मैं विद्यालय को ले के गया,
मुझे याद संदूक की बात है।

पत्नी ने दिखाया खूब प्रेम,
प्यार बहता निरंतर क्रम,
वह करता ज़िंदगी भर श्रम,
उसका विश्वास अनुपम,
मुझे याद संदूक की बात है।

यादों का संदूक मूल्य होता,
जीवन में कुछ अमूल्य होता,
भूल जाने को संभव होता,
याद रखता अवश्य होता,
यादों का संदूक अनमोल है।

प्रेम में मार्मिक विषय छिपा,
ज़िंदगी में अद्भुत सी बात छिपा,
जग में असाधारण मुद्दा छिपा,
प्रकृति में रमणीय दृश्य छिपा,
यादों का संदूक अनोखा है।

जीवन में कुछ मधुर बातें,

श्रीनिवास एन०
(पता :- विजयवाड़ा, आंध्र प्रदेश)

खट्टी और मीठी की बातें,
प्रेम में कुछ लीन की बातें,
विरह और मिलन की बातें,
यादों का संदूक बेमिसाल है।

जीवन की ताल

शिव जी नाचे डमरू की ताल पे,
गणेश जी नाचे मृदंग की ताल पे,
झूम उठे संसार कृष्ण की बांसुरी पे।।

मंदार गांगल "मानस"
(पता :- सांगली, महाराष्ट्र)

नाचे हम पत्नी के सिर्फ बोल पे,
"ए जी सुनते हो" सुनने में मीठे बोल,
छुपा होता इसके अंदर बड़ाही झोल।।

संभालना है अगर जीवन का ताल,
पत्नी बोले सही है वही प्यारे लाल,
नहीं सुने तैयार रहो उधड़ने ससुराल।।

सात पुश्तों की याद आयेंगी बेमिसाल,
मायके पे उसे बोलो सिर्फ दो-चार बार,
फिर देखो कैसे बिगड़ेगा जीवन का ताल।।

लबालब भरी होगी साड़ियों से अलमारी,
सलवार कुर्तों की गिनती करना पड़ेगा भारी,
फिर भी बोलना कुछ और करें हम खरीदारी।।

दुधारी तलवार पे चलता जीवन का ताल,
जरासी गलती जो करे पूरा जीवन बेहाल,
"मानस" कहे छोड़ो जीवन का खस्ताहाल,
सामंजस्य रखो पत्नी से हो जाओ मालामाल।।

मेरे जीवन का अर्थ

एक थी वो शाम, बड़ी ही रंगीन पर,
दिल की रंजिश, कर रही थी गमगीन,
तुमसे क्या है वास्ता ,जीवन से मैंने पूछा,
अर्थ तुम्हारा ढूँढते, पड़ गया हूँ मैं ओछा।।

मंदार गांगल "मानस"
(पता :- सांगली, महाराष्ट्र)

निकलता हूँ जब भी, तुमको समझने को,
उलझा रहता हूँ अपनी,पहचान बताने को,
जीवन ने मुझे बोला, झाँको दिल के अंदर,
एक सूखा पत्ता भी, बता देगा एक मन्वंतर।।

बातें करने लगा मैं,पतझड़ के पत्तों से,
मुरझाए पत्ते भी, सुनाते रहे आनंद से,
शाखों पर कभी हम, झूमे थे आह्लाद से,
फूलों की महक में, झूमे थे आमोद से।।

सावन की बौछारें, भिगो देती तन मन को,
सूरज की किरणें, तरोताजा करती बदन को,
पर सृष्टि का नियम है, जन्मा है उसे मरना,
मरने बाद भी देखो हमें, पैरों तले रौंदना।।

आस में जीते थे, हमें शाखाओं पर ही रहना,
वक्त आते देखो, अपनों से हमें बिदाई लेना,
विनती है तुमसे, पालन करना निसर्ग नियम,
विपरीत दिशा जाओगे, बचा न पायेगा भगवन्।।

मन की डायरी

कश्मकश में खोल दिए दिल के पन्ने।
मन की डायरी से कुछ बचे थे चुनने।।

पलट रहा था आहिस्ता होश थे आने,
मदहोशी में जो फाड़ दिए न थे सुनने।।

मंदार गांगल "मानस"
(पता :- सांगली, महाराष्ट्र)

मन की डायरी जो गहराईयों को सुने।
लफ्जों को मेरे एक तार में जो बुने।।

चलते रहे लफ्ज़ आहिस्ता तो कभी तेज।
तकरार न की उसको किसी का न परहेज।।

खोल दिए थे राज उसके पन्नों के पास।
कभी न रहने दिया उसने मुझे उदास।।

उम्रदराजी में यह बन गई मेरी रहबर।
वरना कौन साथ देता बीती यादों पर।।

शब्द-शब्द पकड़ के चलता रहा उसपर।
मन की डायरी जो रही मेरी हमसफर।।

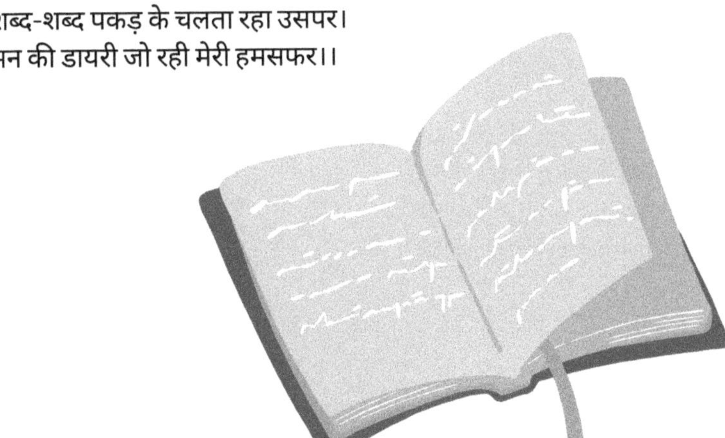

मन की बेचैनी

किससे कहें हम, कैसे कहें हम,
हम पर क्या-क्या गुजरी।।

मन की बेचैनी, दिल है आहत,
राह भी कुछ भारी-भारी।।

अनजानी सड़क, अनजाने रास्ते,
चलना उसपे हुआ दुश्वारी।।

आह न निकले, राह न देख ले,
कैसे करे जीवन की सवारी।।

गुजरे हुए पल, तिनके का सहारा,
यापन लगता काँटो की क्यारी।।

दिल की चाहत, बेचैन है महावत*,
शीत लगे हमें प्रलयकारी।।

मन की बेचैनी, मन ने ही जानी,
सजनी बिना कैसी जिंदगानी।।

————

(महावत* = भारत में शीतकालीन मानसून का स्थानीय नाम है और यह पश्चिमी विक्षोभ और दक्षिण-पश्चिम मानसूनी हवाओं के कारण होता है।)

मंदार गांगल "मानस"
(पता :- सांगली, महाराष्ट्र)

जिंदगी के वो सुरमयी पल

उम्र की उस कगार पे खड़ा हूँ आज,
मुड़ के देखता हसीन पल बने जो साज।।

वो भीनी-सी खुशबू महकते बदन से,
आती तुम सामने नहा के आँगन से।।

मंदार गांगल "मानस"
(पता :- सांगली, महाराष्ट्र)

झटकती तुम अपने बालों को तो ऐसे,
हरसिंगार ने सावन में फूल बरसाए जैसे।।

बिंदी लगाती तुम बीचोबीच कपोल पे,
खिल उठता चेहरा गुलाब की पंखुड़ियों से।।

फेरे लेती तुम तुलसी के वृंदावन से,
मानो कोई साध्वी आई कन्हैया दर्शन से।।

बताने को बहोत ऐसे कितने नाजुक पल,
कुछ सुरमयी है तो कुछ सुरों का छल।।

हर अदा तुम्हारी कर देती हमें बेकाबू,
आज भी हम गिरे हैं तुम्हारी राहों में बाबू।।

कभी तो अदब से बेअदब हो जाया करो,
मेरे चाँद पे कभी तो टीका लगाया करो।।

यूँ तो मर जायेंगे हम, पर ख्वाइश है दिल में,
वो सुरमयी पल फिर से तुम संग बिताने में।।

बेटियाँ

बेटी जन्म ले जब, माँ की गोद में आती,
माँ कोमलता का स्पर्श कर जाती,
नन्हे हाथों में काले मोती डाल
माँ नज़र से बचाती,
कभी टिक्का लगा तो
कभी नमक सिर से घुमा
छाती से लगाती,
क़दमों की छम-छम बिटिया की
आँगन को सुहाती,
बेटी यूँ ही बड़ी होती जाती।

स्कूल में रखती जब कदम
घर को खाली-सा कर जाती,
बढ़ाती खुद को
अब वो किताबों में डूबती जाती,
चहलकदमी भी उसकी कम होती जाती,
बेटी यूँ ही बड़ी होती जाती।

घर में ही नहीं
स्कूल में भी रुतबा बनाती,
पड़ोस,गली और कुनबे में शान पाती,
परन्तु अब
हो जाएगी पराई बताई जाती,
पढ़ाई कर ले जल्दी पूरी
ये बात उसे सुनाई जाती,
जाना है ....तुझे 'अपने' घर एक दिन
ये बात समझायी जाती,
तू ज़्यादा मत बाहर घूम
हँसी रोक लिया कर गली में
लड़की है तू, ये याद दिलाई जाती,
बेटी यूँ ही बड़ी होती जाती।

अनुराधा रानी
(पता :- पंचकूला, हरियाणा)

एक दिन अनजानों को सौंप
बेटी की विदाई की जाती,
रखना लाज बाप-दादा की
कह उसे सब सहने की
सीख पढ़ाई जाती।।

स्त्री

किसी स्त्री को नहीं चाहिए सिर्फ महल चौबारे,
वो तो छोड़ कर आयी है अपने गलियारे,
नहीं चाहिए उसे रोज के पकवान नए,
नहीं चाहिए उसे वस्त्र नए,
नहीं चाहिए उलाहने रोज के रो पड़ती है वो,
जब चीखें कोई जोर से...
चाहती है वो बस देखे कोई गौर से,
चाहिए उसे रखे कोई ध्यान प्यार से,
उसे भी सुने कोई 'गौर' से,
माना सहने की शक्ति रखती है वो,
परन्तु पत्थर नहीं है वो,
बस दिन में कुछ पल अपने लिए चाहती है वो,
जरा सा हाल पूछने पर 'जी' उठती है वो।।

अनुराधा रानी
(पता :- पंचकूला, हरियाणा)

फिर एक बात लिखी

आज फिर एक बात लिखी,

हर पन्ने पर कुछ नयी कुछ पुरानी याद लिखी,

भरे मन की हर बात लिखी,

ख़ुद में समेटी वो मिठास लिखी,

कड़वी भी मगर सच्ची सौगात लिखी,

अश्कों को मोती बना कलम से तेरी याद लिखी,

कल की नहीं तेरे आज बदले ज़ज्बात की बात लिखी,

गुजरे पल की हर बात लिखी,

जो भी लिखीं तेरी मेरी कहानी लिखी।।

अनुराधा रानी
**(पता :- पंचकूला,
हरियाणा)**

जीना आया

पहलु में अपने जो तूने बिठाया,
मेरा हर राज़ तेरे सामने आया।

बिछाकर पलकें जो तूने लुभाया,
हर गम मैंने अपना भगाया।

करीब तुझे जो अपने पाया,
हर पल ही बेहद सुकूँ सा पाया।

देखकर जिसकी मुस्कुराहट; मुस्कुराना आया,
तू है एक.... देख जिसे जीना आया।

अनुराधा रानी
(पता :- पंचकूला, हरियाणा)

अबके सावन में जरूर आना

बस इतने से रंग अपने प्यार के ले आना,
अबके सावन में..... जरूर आ जाना।

खनक इनकी तेरा आभास करायेगी,
जब आएगी याद तेरी, दिल बहलाएगी।

धुन इश्क़ तेरे की ये बजकर सुनाएगी,
पागल-सा इश्क़ है मेरा शोर कर ये बताएगी।

तुम लेकर ये बहार आना इंतज़ार करेंगे.....
इतना सा प्यार लेकर आ जाना।

अनुराधा रानी
(पता :- पंचकूला, हरियाणा)

यादों का दर्पण

शिखा सक्सेना
(पता :- मयूर विहार, दिल्ली)

यादों का दर्पण जब चमकता है,
बीते पलों का संग रचता है।
हँसी-खुशी के मीठे रंग,
दुख-सुख के वे अनदेखे ढंग।
बचपन की वो शरारतें प्यारी,
नानी की बातें, नाना की सवारी।
सखियों संग वो खिलखिलाहट,
स्कूल की घंटी, भागती आहट।
कुछ बातें जो अधूरी रहीं,
कुछ यादें जो जीवित रहीं ।
कभी हृदय में छवि उभरती,
कभी आँखों में नमी उतरती।
समय भले ही बीत चला हो,
यादों का दर्पण सजीव खड़ा हो।
हर क्षण को अमर बना देता,
मन में फिर से रंग जगा देता।
यादों का दर्पण जब सजता है,
मन का आँगन महकता है।
बीते पलों की मीठी छाया,
हर स्मृति ने मन को भाया।
खेल के मैदान, वो कागज़ की नाव,
बारिश में भीगना, मिट्टी की छाँव।
माँ की ममता, दादी की कहानी,
वो बचपन के दिन, वो दुनिया निराली।
कुछ चेहरे धुँधले से होते गए,
कुछ नाम दिल में ही खोते गए।
पर यादों की गूँज सदा रहती है,
हर पल नई उमंग कहती है।
समय भले आगे बढ़ता जाए,
यादों का दर्पण सदा चमकाए।
जो बीत गया, वो फिर ना आए,
पर स्मृतियों में सदा मुस्काए।

यादों का दर्पण

हेमलता साहूकार
(पता :- कुरुद, छत्तीसगढ़)

यादों के दर्पण में झाँककर देखा
तो एक चेहरा नज़र आया
सीधा-सादा सा भोला-भाला सा
अपना-सा, प्यारा-सा,
लगता वो सारी दुनिया से बेगाना सा।
जिस पर हम मरते थे
अपनी जान छिड़कते थे,
अपने आप से भी ज्यादा
हम जिससे प्यार करते थे।
जिसके साथ मिलकर
सुंदर जीवन जीने के
सपने बुनते थे
जिसकी हर बात पर
हम बिना कुछ सोचे समझे
एतबार करते थे।
जिसके एक इशारे पर
अपनी सारी खुशियाँ
कुर्बान कर देते थे,
जिसके लिए हमने
अपना सारा वजूद ही मिटा दिया
हमारे सीने में हर एक
आती जाती धड़कन भी
जिसके नाम से ही चलते थे,
जिसे हम अपनी सारी दुनिया मानते थे।
यादों का दर्पण साफ किया तो
आज हकीकत नजर आई
सब कुछ बदला-बदला सा पाया
ना वो अपना, अपना रहा
ना वो साथ रहा,
ना वो सुहाना सफ़र रहा
जाने कब, कहाँ, कैसे?

सब कुछ खो गया
कुछ भी समझ न आया।
कोई इंसान इतना भी बदल सकता है,
ये हमें यकीन ही नहीं आया।
जब-जब भी जरूरत रही उसकी
हमने दिल ने उसे पुकारा
लेकिन हर बार उसे
अपने से बहुत दूर ही पाया,
जाने क्यों है वो इतनी दूर
जहाँ तक पहुँच भी
न पाया मेरा साया।
फिर भी यादों के दर्पण में देखा तो
वही भोला सा चेहरा नज़र आया
जिस पर हमें बेशुमार प्यार आया।
यादों के दर्पण में.....

यादों का दर्पण

प्रीति चौरसिया गुप्ता
(पता :- भोपाल, मध्य प्रदेश)

हे स्मृति !

यादों के दर्पण से,

करूँ एक फरियाद,

मेरा गुजरा कल लौटा दे,

सुंदर और खुशी विशाल,

मम्मी पापा का प्यार और आशीर्वाद हो,

भाई बहन का स्नेह हो,

गांव की पगडंडियाँ हों,

लुकाछिपी मोहल्ले मे हो,

शोर शराबे से गली कूचे आबाद रहें,

हे स्मृति !

यादों के दर्पण से दिखा वह तस्वीर,

मन प्रफुल्लित हो बने एक तकदीर,

आपस में प्रेम भावना हो,

एक दूसरे का दिल दरिया हो,

हर मानव में भाईचारा हो,

सुंदर सा देश समाज परिवार हमारा हो,

हे स्मृति !

लौटा दे मेरी यादों का दर्पण,

लौटा दे मेरी यादों का दर्पण।

बेटियां कमतर न रहेगी कभी

(सुनीता विलियम्स के धरती पर
सकुशल लौटने के अवसर पर)

श्रीराम वैष्णव 'कोमल'
(पता :- पाली, राजस्थान)

साहस का एहसास करा दिया तुमने।
नामुमकिन को मुमकिन बना दिया तुमने ।

धैर्य की परिभाषा कुछ इस तरह लिख,
नारी शक्ति में विश्वास जगा दिया तुमने ।

मौत को शिकस्त देकर कुछ इस तरह,
ज़िंदगी को फूलों से महका दिया तुमने ।

दुआओं का असर कितना होता है मन की,
आस्थाओं का मतलब समझा दिया तुमने।

सपने सोकर नहीं साकार किए जाते हैं,
जाग- जाग कर सबको,जगा दिया तुमने।

आत्मविश्वास,भरोसे की ये पराकाष्ठा थी,
इतिहास दुनियां में नया, बना दिया तुमने।

जीवन-मृत्यु के बीच का ये सफर,
आसान बनाकर दिखा दिया तुमने।

खुशी तो चांद को भी हुई होगी बहुत ,
धरती को आकर, जगमगा दिया तुमने।

बेटियां कमतर न थी,है न रहेगी कभी,
दुनियां में परचम लहरा दिया तुमने।

शब्द

बिन कपड़े उतारे ही नंगा कर देते हैं शब्द।
बीमार आदमी को भला-चंगा कर देते हैं शब्द।

शब्दों की ताकत का अंदाज़ा नहीं है साहिब,
आ जाए अपने पे तो दंगा कर देते हैं शब्द।

आचार-विचार व्यवहार-अभिव्यक्ति चिंतन है,
सलीका ना हो सही तो अंधा कर देते हैं शब्द।

कभी मीठे कभी कड़वे कभी चुप्पी ओढ़कर,
लहजे में ना हो ढंग तो बेढंगा कर देते हैं शब्द।

लाल,पीला,नीला,हरा,केसरिया,श्वेत- श्याम,
रंगों के हो संग तो सतरंगा कर देते हैं शब्द।

इतिहास बदलने की ताकत है जिसमें,
मर मिटने वालों को ज़िन्दा कर देते हैं शब्द।

सागर से भी गहरे हैं अगर इनमें उतरकर देखो,
नहा कर निकलो तो सही, गंगा कर देते हैं शब्द।

ईबादत है,पूजा है,साक्षात्कार है पूर्ण ब्रह्म से,
प्रार्थना करें दिल से तो बंदा कर देते हैं शब्द।

श्रीराम वैष्णव 'कोमल'
(पता :- पाली, राजस्थान)

कभी सोचा नहीं था

कभी सोचा नहीं था कि ऐसे भी दिन आएँगे,

कभी अपनों को छोड़कर दूर चले जाएँगे,

जीने को तो जीते हैं मगर,

जीवन में उमंग नहीं,

खाने को तो खाते हैं मगर,

खाने में भी मन नहीं,

सोने को तो सोते हैं मगर,

सोने में सुकून नहीं,

लेकिन कुछ पाने के लिए,

कुछ खोना पड़ता है,

इस तरह अपने छूट जाएँगे,

कभी सोचा नहीं था,

जीवन में इतने बदलाव आएँगे,

कभी सोचा नहीं था,

इस तरह अपने बदल जाएँगे,

कभी सोचा नहीं था,

ज़िंदगी एक समझौता बन जाएगी

कभी सोचा नहीं था,

क्या हुआ आज गम है तो,

कल तो खुशी आएगी,

जीवन एक बार,

फिर से मुस्कुराएगा,

फिर से मुस्कुराएगा।

कंचनलता मनहर
(पता :- पथरिया, छत्तीसगढ़)

गुरुत्वाकर्षण

राजेश श्रीवास्तव
(पता :- बंगलुरु, कर्नाटक)

यूँ गिरा हुआ तो नहीं हूँ मैं,
पर अचानक आज गिर गया।
नज़रों से गिर जाता तो ठीक था,
पर आज सीढ़ियों से गिर गया।
सीढ़ियों से गिरा लहूलुहान हुआ,
पर हरकतें नहीं गिरने दी।
यूँ तो कई बार गिरा हूँ-
कभी भावनाओं की ठोकर से,
स्वार्थियों की नज़रों से,
खुद को अश्क बना कर
अपनी ही आँखों से।
जब-जब भी गिरा हूँ,
लहू-लुहान नहीं हुआ,
पर जोरदार चोट अंदर लगी,
पर इस बार की बात अलहदा,
अंदर की चोट कमजोर निकली
और बाहर लहू-लुहान कर गई।
लोगों की हरकतें गिरी,
मानवता गिरी, मानसिकता गिरी,
सरकारें गिरी, राजनेता गिरे,
राजनीति गिरी, जीवन मूल्य गिरे,
पर कुछ नहीं हुआ।
मैं गिरा तो खून निकल आया,
गिरना, उठना चलता रहा जीवन भर,
पर खून आज पहली बार निकला ।।

बचपन

राजेश श्रीवास्तव
(पता :- बंगलुरु, कर्नाटक)

यूँ लगता पल झपकते पीछे,
रहता था मैं आँखियाँ मीचे,
नए-नए तब पर निकले थे,
पूरा गगन मुझे था खींचे।

नए-नए का सब अचरज था,
खुशबू भरा हुआ समझा था,
पंचतत्व आकर्षित करता,
जिज्ञासु और नासमझ था।

वो काग़ज़ की नाव रुहानी,
और बहता बारिश का पानी,
कहीं दूर तक तकती नजरें,
झूमे कश्ती शोख़ रवानी।

अग्रज कमीज का हकदार,
अनुज को रहता इंतज़ार,
कितने अभावों में भी हम,
ख़ुशियों का रखते किरदार।

छत पर पतला सा बिछौना,
तारों संग जगना या सोना,
बुढिया काटे चरखा सूत,
चाँद दिखाए जादू टोना।

खुश रहा मन, दाँत न पिसा,
याद आ गया फिर वो किस्सा,
पूरी पैकेट बिस्कुट आया,
एक ही आया अपना हिस्सा।

फ़िक्र सोयी थी सपने जागे,

कुछ - कुछ रहते भागे - भागे,
धन - दौलत को टक्कर देती,
रिश्तों के वो कच्चे धागे।

त्योहारों पर चमका चेहरा,
रंग पटाखों पर बड़ों का पहरा,
एक बार जो छूट मिली तो,
हुड़दंग से कब बचपन ठहरा।

मन था अपना सादा सच्चा,
एक सरीखे सारा बच्चा,
ऊँच नीच का भेद नहीं था,
जन्मों के नातों से अच्छा।

यूँ लगता पल झपकते पीछे,
रहता था मैं आँखियाँ मीचे,
नए - नए तब पर निकले थे,
पूरा गगन मुझे था खींचे।।

एक ग़ज़ल के कुछ शेर

ज़िंदगी का सफ़र वही और मुसाफिर भी वही,
ज़माना बदल गया पर सोच बदली के नहीं।

हम तो पा जाएँगे अपनी मंज़िल कभी न कभी,
गुमराह तो वो हैं जो घर से निकले ही नहीं।

दिल में इंतज़ार रहा, उम्र भी अब बीत चली,
सब खानाबदोश मिले कोई बसा ही नहीं।

राजेश श्रीवास्तव
(पता :- बंगलुरु, कर्नाटक)

वक़्त से कोई तो पूछे मुझसे दुश्मनी का सबब,
तो मेरा घाव क्योंकर भरा ही नहीं।

इंतज़ार अब भी है कि एक बार बात हो जाए,
आ के साफ ये कह दे मुझे बेवफ़ा ही सही।

प्यार से देखता हूँ तुझे , तू तो सँवर जाती है,
प्यार में तेरा बनूँ चलो तेरा आईना ही सही।

बंद आँखों में मेरे प्यार का है जहां,
खुली आँख से तू कहीं भी नहीं।।

जन्मदिवस

प्राण है ज्योति पुंज,
देह दीया बाती है।
एक और बरस बीत गए,
हर जन्मदिन बताती है॥

एक-एक बीते वर्षों के,
विफलता के, उत्कर्षों के,
अवसादों के, हर्षों के,
पुरातन सब रीत गए,
हर जन्मदिन बताती है॥

लौ पे उड़ता पाखी है,
याद सभी बाकी है,
जो पुरानी झाँकी है,
पर बीते सो बीत गए,
हर जन्मदिन बताती है॥

गीत नए आए हैं,
नई धुन सजाए हैं,
नव अधर पे छाए हैं,
पुराने संगीत गए,
हर जन्मदिन बताती है॥

फिर से नया जोश हो,
जीवन का उद्घोष हो,
अंतर्मन आशुतोष हो,
मन जीते तो जीत गए,
हर जन्मदिन बताती है॥

राजेश श्रीवास्तव
(पता :- बंगलुरु, कर्नाटक)

यादों से मुलाकात

तुलसीराम 'राजस्थानी'
(पता :- नावां सिटी, राजस्थान)

इंतजार में मेरे,
पलकें बिछाई तो होंगी।
थोड़ी ही सही,
पर राह निहारी तो होंगी।
मैं निभा न सका,
तुमसे किए वादे को।
मेरे न आने पर,
याद मेरी आई तो होगी।
हाल-ए-दिल,
इधर भी,
कुछ बेहाल-सा है।
मिलने का,
गंवा कर मौका,
मन में,
कुछ मलाल-सा है।
दिल में लगी आग,
अब नहीं बुझ रही।
कलेजे में एक,
अजीब सी हूक उठ रही।
सोचता हूँ,,,
किसी के यहां,
हसीन रातें होंगी।
किसी के यहां,
प्यार भरी बातें होंगी।
मेरा प्यार तो,
कोसों दूर है मुझसे।
मेरी तो बस,,,
तेरी यादों से ही मुलाकातें होंगी।

यादों का दर्पण

वी० एन० वी० पद्मावती
(पता :- हैदराबाद, तेलंगाना)

दर्पण में जब झाँकती हूँ,
बीते लम्हों को पाती हूँ।
धुँधली सी कुछ तस्वीरें हैं,
मन के कोने में जज़्बात छुपे हैं।

बचपन की वो किलकारियाँ,
माँ की ममता, मीठी लोरियाँ।
पिता की उँगली थामे चलना,
हर गिरने पर फिर से सँभलना।

स्कूल की वो पहली घंटी,
दोस्ती की प्यारी सी पंक्ति।
टिफ़िन में बाँटे जाते सपने,
नन्हीं आँखों में बड़े अपने।

पहला प्यार, वो चुपके खत,
दिल की धड़कनें, अनकहे जज़्बात।
रूठना, मनाना, फिर हँसना,
ज़िन्दगी को हर दिन नए रंग में बसना।

अब भी वो सब आँखों में बसते हैं,
यादों के आईने में हँसते हैं।
वक़्त भले ही आगे बढ़ चला,
पर मन वहीं कहीं अटका चला।

हर याद में एक जीवन बसा है,
यादों का दर्पण बहुत खास बना है।
कभी आँसू, कभी मुस्कान बन जाएं,
ये दर्पण हर बार कुछ नया दिखाए।

कभी खुशियाँ, कभी गम

कभी खुशियाँ,कभी हैं गम
कभी आँखें हुई हैं नम!
कहीं बाँहे, कहीं राहें,
कहीं अरमान भी हैं गुम।
कोई खुशबू जो चाहत की
कहीं से पास आती है,
सुवासित भी चमन होता,
महकता दिल का ये आँगन।
कहीं भावों के हैं संगम,
कहीं अल्फ़ाज़ भी हैं कम....।

स्मृति अनुरागिनी
(पता :- पटना, बिहार)

नज़र में बेरुखी भरकर
सभी तो आज रहते हैं,
कभी जो होंठ हँस लें तो
निगाहों में सवाल रहते हैं।
शिकायत कर नहीं सकते
कि उनमें भी बहुत है दम...!

कीमती है वक्त इतना तो
ठहरना कौन चाहेगा,
लिखेगी जब कलम अपनी,
झरेंगे याद के मोती...।
कभी शबनम, कभी शोला,
कभी चुपचाप होंगे हम......!

जय माता दी

अम्बे माता पूर्ण करें, सभी भक्तों की मनोकामना।
माँ दुर्गा पावन महोत्सव पर, हार्दिक शुभकामना॥

सुख-शांति व गौरव-वैभव, सदा आपको मिले।
परिवार की बगिया, फले-फूले और खूब खिले॥

माता रानी के चरणों में झुका रहे, सदा हमारा शीष।
कृपा हमेशा बरसती रहे, और मिले उनका आशीष॥

देवी मां हमारा करबद्ध निवेदन, आप करो स्वीकार।
सदा सुखी रहे संपन्न रहे, संसार का हर परिवार॥

डॉ० जगदीश चंद्र वर्मा
(पता :- गाजियाबाद,
उत्तर प्रदेश)

जल

बढ़ रही है इस धरा पर, प्रतिदिन आबादी।
व्यर्थ ना बहाएँ जल को, करें ना इसकी बर्बादी॥

दुनिया को अब दिखा रहे हो, मूर्ख तुम तमाशे।
अब भी ना संभले तो, मरोगे एक दिन प्यासे॥

ना रहेगा जल तो, ना काम आगेगा भूषण।
मत फैलाओ हे मानव!, इस धरा पर प्रदूषण॥

प्रकृति सुख से हो रहे हैं, हम सभी अब वंचित।
इस धरा के गर्भ में, स्वच्छ जल है संचित॥

कर रहा है मानव अब, नित जल का दुरुपयोग।
फैल रहे हैं इस धरा पर, नाना प्रकार के रोग॥

जल बिना ये जीवन, ना जीना है आसान।
व्यर्थ बहाकर ना करें, जल का यूँ नुकसान॥

वृक्ष काट रहे हद से ज्यादा, बहे अब गर्म बयार।
बूँद-बूँद जल बचाने को, हो जाएँ हम तैयार॥

गौतम कुमार कुशवाहा
(पता :- मुंगेर, बिहार)

मर्यादा पुरुषोत्तम श्री राम

गौतम कुमार कुशवाहा
(पता :- मुंगेर, बिहार)

जनकपुर में लगा जब, सीता स्वयंवर का सार।
गुरु विश्वामित्र संग चले, दशरथ के राजकुमार॥

शिष्य संग गुरु विश्वामित्र जब, पहुँचे यज्ञ स्थान।
दशरथ के राजकुमार का, हुआ बहुत सम्मान॥

शिव-धनुष जब भंग हुआ, गूँजा इसका तान।
स्वयंवर में बैठे वीर योद्धा, हुए सभी हैरान॥

देख वीरता पुरुषोत्तम की, सभी हो गए दंग।
प्रभु के हाथों ही हुआ, शिव-धनुष जो भंग॥

राज सिंहासन का मोह नहीं, छोड़ गए आवास।
पिता की आज्ञा पालन हेतु, चले गए वनवास॥

हर्षपूर्वक चले गए, प्रभु लक्ष्मण संग वन को।
अटूट बाधाएँ मिलीं, पर अधीर न किये मन को॥

लक्ष्मण जी की अनुपस्थिति में, जब रावण आया द्वार।
भिक्षुक वेश में बोला दुष्ट, हे देवी करो लक्ष्मण रेखा पार॥

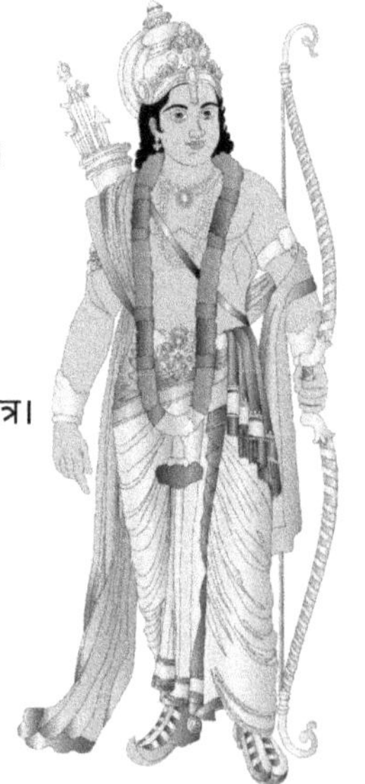

पार किया जब रेखा को, छल से सीता को हर लिया।
दुष्ट रावण का अंत भी, मर्यादा पुरुषोत्तम ने कर लिया॥

महर्षि वशिष्ठ, विश्वामित्र के, शिष्य का हृदय है बहुत पवित्र।
किष्किंधा के राजा सुग्रीव भी, बने प्रभु राम के मित्र॥

ज्ञानी के ज्ञान में, जब अभिमान मिल जाता है।
मुक्ति का सागर समक्ष हो, पर नहीं दिख पाता है॥

प्रभु नाम के स्मरण से, बन जाए बिगड़े काम।
मर्यादा पुरुषोत्तम कहलाए, मेरे प्रभु श्री राम॥

दर्पण

अच्युत उमर्जी
(पता :- पुणे, महाराष्ट्र)

सुना है दर्पण सच कहता है,
उम्र ५० पार है,
धीरे-धीरे बालों में सफेदी आ गई है,
दर्पण हल्की झुर्रियां दिखा रहा है।
आज जब दर्पण के सामने खड़ी हुई,
चमत्कार हो गया।
दर्पण झूठ बोल रहा है,
दर्पण मुझे जवान दिखा रहा है,
सफेदी, झुर्रियां नहीं दिखा रहा है।
दर्पण में मेरी प्रतिमा देख,
मेरे चेहरे पर खुशी की लहर दौड़ पड़ी है।
खुशी के मारे मैं तो झूमने लगी,
यह सपना हकीकत है,
ऐसे लगने लगा है।
आखिर सपना है...
ज्यादा देर थोड़ी चलता है।
सपना टूट गया है,
और...
असली प्रतिमा दर्पण ने दिखाई।
दर्पण की असली प्रतिमा,
सफेदी और झुर्रियां सामने आयी ...!

तुम

रोज मानो ऐसा लगता है,
तेरी बाहों में खुदको गिरफ्तार कर लूँ।
मिठाई के रूप में,
तेरे होंठ मेरे होंठों से मिल जाएं।
चाहती हूं कि रोज देह का स्पर्श हो।
पर हम दोनों की दूरी का अंतर ....
रोज सिर्फ कॉल पर होती हैं बातें।
याद गर ज्यादा बेचैन कर रही हो,
तब विडियो कॉल तुम्हें प्रत्यक्ष देखने के लिए।
दोनों के मन एक दूसरे से मिल गये,
दोनों में घनिष्ठ संबंध हो गया,
फिर भी यह दूरी का अंतर...
कितना विरह सहन कर रहे हैं हम।
आंखों में बसाकर नहीं रखा तुम्हें,
कहीं आंसू के कारण कहीं बह न जाओ आंखों से।
दिल में कस के बांध रखा है तुम्हें,
मेरी हर सांसों में सिर्फ तुम ही तुम हो...!

अच्युत उमर्जी
(पता :- पुणे, महाराष्ट्र)

माँ

माँ नाम का होटल,
चौबीसों घंटे खुला रहता है।
बिल भी देना नहीं पड़ता,
न ही टिप देने कि जरुरत।
घर का खाने से,
तबियत दुरुस्त रहेगी।
बुद्धि का विकास होगा,
संस्कार की गारंटी,
सोते वक्त,
माँ की सूती साड़ी ओढ़ने को मिलेगी।
कभी-कभार गोद में सर रखकर,
सोने की सुविधा मिल सकती है।
नींद अच्छी लगती है।
माँ नाम का होटल,
चौबीसों घंटे खुला रहता है।
माँ नाम के होटल की,
कभी विज्ञापन नहीं दिखती।
और ...
माँ नाम का होटल,
कभी स्पर्धा में दिखाई नहीं देती।
माँ ...
सबकी माँ के लिए ...!

अच्युत उमर्जी
(पता :- पुणे, महाराष्ट्र)

अब नहीं लिखने वाली

सचमुच प्यार करते हो न मुझसे?
फिर व्यक्त क्यों नहीं होते?
मिलने की इच्छा भी मेरी होती है ...
तुम बोलकर क्यों नहीं दिखाते?

मैं ही हमेशा व्यक्त होती हूँ,
गलती कर रही हूँ ऐसा लगता है।
सब कुछ पूछना पड़ता है मुझे,
तुम क्यों कुछ अपने आप नहीं कहते?

प्यार तो तुम भी बहुत करते हो मुझसे,
विरह मन से तुम्हें भी सताती है।
मैं व्यक्त हो जाती हूं ...
तुम चुपचाप रहते हो।

मैं अब से व्यक्त नहीं होऊंगी,
मिलने के लिए न कहूंगी।
जब तक तुम खुद बुलाओगे नहीं,
तब तक काव्य नहीं लिखूंगी।

शब्दों से खेल नहीं खेलूंगी,
मन की भावना नहीं लिखूंगी।
जो समझना है तुम समझ लो,
मैं आज से नहीं लिखूंगी ...!

अच्युत उमर्जी
(पता :- पुणे, महाराष्ट्र)

बताना न था

तुमसे मिलना सोचा न था,
तुमसे बिछड़ना चाहा न था,
सारी साजिशें उसकी थीं,
जिसने किस्मत लिखते वक्त
हमसे पूछा न था।
शिव हूँ न
विष मैं ही पियूँगा,
सारी जलन खुद ही सहूँगा,
तुम कैसे जान गए,
मुझे तो कुछ बताना न था।

अभिनव शिवम
(पता :- पलवल, हरियाणा)

तुम मेरी खातिर...

तुम मेरी खातिर
कैसे बैठी-बैठी सोती थी,
मैं ए.सी. चलाता था
और तुम कंबल ओढ़कर
अपनी ठंड भगाती थी,
तुम मेरी खातिर
कितना कुछ करती थी,
मेरी खुशी खो न जाए,
इसलिए अपने गम छुपाती थी,
आधी रात को भी उठकर,
गर्म खाना खिलाती थी,
सवेरा होते ही
बार-बार जगाती थी।
अब देखो,
मैं खुद जग जाता हूँ,
मैं खुद खा लेता हूँ
और अकेले बैठकर,
कुछ गीले लफ़्ज़ों को
कागज पर उतारता हूँ।

अभिनव शिवम
(पता :- पलवल, हरियाणा)

वक्त को पकड़ कर

वक्त को पकड़ कर ही थे चल रहे,
वक्त ने आँखें चुरा लीं, तो मैं क्या करूं?

डॉ० रंजना गुप्ता
(पता :– पलवल, हरियाणा)

सलिल को सुधा बनाने की कोशिश में थी,
चुपके से गरल आ मिला, तो मैं क्या करूं?

गुलशन बचा रही थी, तितलियों के लिए,
आग पानी ने लगाया, तो मैं क्या करूं?

चादर जितनी थी पास, पसारे पांव उतने ही,
किसी ने चादर दबा ली, तो मैं क्या करूं?

भला तेरा भी चाहा था, और उसका भी,
तकदीर मुकर गई तो, मैं क्या करूं?

ठीक हो गया था सब कुछ एक बार,
फिर से किसने बिगाड़ा, अब मैं क्या कहूं?

नादान ही नादान भरे हैं इस दुनिया में,
खुद को खुदा समझते हैं, तो मैं क्या करूं?

आखिर क्यों

डॉ० रंजना गुप्ता
(पता :- पलवल, हरियाणा)

होम करते हर बार,
हाथ क्यों जल जाता है!
सुख बांटने की कीमत,
दिल दु:ख पा चुकाता है।
हर बार सोचूं,
खुद को समेट लूँ
मोम के हृदय को,
लोहे में लपेट लूँ
पर हो नहीं पाता है।
न जाने कब, क्या, कैसे,
भूल हो जाती है,
मन मझधार में फँसा,
किनारा नहीं पाता है।
शिकायत किसी से नहीं,
मेरे ही निश्छल प्यार के,
व्यवहार में बदलाव,
नहीं आता है !

माँ

उपस्थिति तुम्हारी घर में ऐसी,
जैसे मंदिर में लौ दिए की।
चरित्र तुम्हारा पावन है ऐसा,
जैसे लहरें हों गंगाजल की।
तारल्य हृदय में बसा तुम्हारे,
मधुरिमा हो जैसे मीठे फल की।
मिली हो हमको तुम मैया,
जैसे बारिश हो प्रभु कृपा की!
प्रियदर्शनी लगती हो माँ ऐसी,
जैसे छवि इंदिरा में शारदा की।
सदा-सदा ही रहोगी मन में,
जैसे नीलिमा हो नील गगन की।

डॉ० रंजना गुप्ता
(पता :- पलवल, हरियाणा)

मिट्टी के खिलौने

हम सब मिट्टी के खिलौने,
खेलते-खेलते कूदते-कूदते अचानक,
गिरकर टूट जाते हैं।
दूसरे खिलौने सोचते हैं,
अरे! अभी तो खेल पूरा नहीं हुआ था,
यह बीच में ही क्यों टूट गया?
मगर, जिसके हम खिलौने हैं,
उसे पता है,
इसका खेल खत्म हुआ।
खिलौने क्यों भूल जाते हैं,
मालिक नहीं हैं वे,
मालिक तो मालिक है,
जैसे रखेगा, रहना होगा।
जो नाटक देगा, करना होगा।
मालिक खूब हँसता है,
जब खिलौने आपस में लड़ते हैं
छोटी-छोटी बातों पर,
छोटी-छोटी चीजों पर!
मालिक खूब हँसता है,
खिलौनों की मूर्खता पर!

डॉ० रंजना गुप्ता
(पता :- पलवल, हरियाणा)

बेटी की खुशियों का गणित

गुरजीत सिंह सैनी
(पता :- पंचकुला, हरियाणा)

कुछ मेरी, कुछ तेरी खुशियाँ,
मैं सभी को गुणा करता हूँ।
इस शुभ बेला पर गुणनफल से,
मैं बिटिया का आँचल भरता हूँ।
तेरा दौर पुराना बायाँ पक्ष था,
दाएँ को नया सुनाते जाओ।
समीकरण की इस दुनिया में,
घनमूल को घन बनाते जाओ।
बाएँ पक्ष के सभी माईनस काँटे,
दाएँ जाकर जमा के फूल बने।
जो सर मंडराते करणी चिन्ह,
सभी आधार तेरे की धूल बने।
वर्गमूल सही आये तुम्हारा,
तेरी संख्या पूर्ण वर्ग बने।
अंश बने सभी हर तुम्हारे,
तेरी भिन्न का उज्जवल स्वर्ग बने।
गुणनखंड बने दुश्मन सारे,
धन ऋणात्मक का पुण्य हो।
भागफल आए प्रबल इतना,
कि शेष गमों का शून्य हो।
मत घबरा तू रानी बेटी,
अब अच्छे दिन आएंगे।
तुझ पर जुल्मों के चढ़ते वक्र,
कल डाउनफॉल कहलाएँगे।
हो चार अंकों में आयु तेरी,
बस यही है मेरी कामना।
उल्टी गिनती पावें बैरी,
जब करें तुम्हारा सामना।

मैं, तुम और वह

गृह प्रबंधक तुम,
दिनकर प्रकटन की उद्घोषक तुम,
पाक-कर्मक तुम,
परिवारजनों के मध्य संबंधक तुम,
द्वारपालक तुम,
इस भवन की दिक् पालक भी तुम।

डॉ० नीलिमा रंजन
(पता :- भोपाल, मध्य प्रदेश)

सब संपन्न करने,
यह मिला समय कम तो नहीं?
क्या पाया अपराजिता सी बनकर,
इतनी दृढ़ सी बन जीकर,
किसने पूछा कब जागीं कब सोईं,
कब हँसी, कब रोईं,
मुस्कुराईं क्यों नहीं,
कभी कुछ बुरा लगा क्या,
गिरी तो चोट लगी क्या ?

किसने विचारा, देखा और समझा
खिलखिलाहट में रुदन,
आह में सिसकन,
नयन में किरच नहीं दृगजल,
पग की ठिठकन।

क्योंकि तुम तो हो ना दृढ़ ।
फिर कैसे हो सकती हो दुर्बल,
सुकुमार ??
कैसे होगी तुमको पीड़ा,
कैसे कर लोगी मनचाहा ?

सत्य कहना,
क्या हृदय नहीं चाहता

मनमानी को,
बिन बात ठहाके लगाने को,
यूँ ही सजने सँवरने को,
ज़ार ज़ार रोने को,
दिन भर सोने को,
मनपसंद पुस्तक बार बार पढ़ने को,
बिन समय माप टीवी देखने को
अक्षरजननी थाम नया रचने को,
बेतहाशा बेमतलब घूमने को,
आधी रात बर्फ़ मलाई खाने को ?

क्या आते हैं मृदु क्षण कभी ?
क्या होती हो तुम भी दुर्बल कभी?
सोच और बताओ
क्या अपने सम्मुख भी हो उतनी ही दृढ़ ?

मानती हूँ पाई है पूर्णता(?)
विविध रूप सार्थक कर,
किंतु संतुष्टि ––क्या सत्य ?
तो करना होगा स्वयं से साक्षात्कार,
बाँचना होगा लेखा जोखा जीवन का
मानना होगा स्व को सर्वश्रेष्ठ
देना होगा मान स्व-अस्तित्व को

और सिद्ध करनी होगी
यह पहनी-ओढ़ी दृढ़ता,
उतार फेंकने होंगे अनचाहे मुखौटे,
स्वीकार करना होगा
हृदय में मचलती कोमलता को
क्योंकि बिन इसके अधूरी हो तुम,
तुम तो तुम हो ही नहीं ।

मधुमास चैत्र

जगत पाल
(पता :- PN1, मनी माजरा,
चंडीगढ़)

पत्तों का पीले होकर,
पेड़ से झड़ जाना।
नई-नई कोंपलों का,
डालों पर फूट आना।
फूलों का महक जाना,
भंवरों का गुनगुनाना।
खेतों में फसलों का पक जाना,
खुशी से पक्षियों का चहचहाना।
हवा के झोंकों का पेड़ों से टकराकर,
सांय-सांय से मुस्कराना।
नीले आसमान में,
सुनहरी धूप का खिल जाना।
नन्हें-नन्हें नौनिहालों का,
पहली बार स्कूल में जाना।
नूतन वर्ष आरंभ हो जाना।
जगत का मन के भावों को,
कलम से कागज तक पहुंचाना।
इशारा है मधु मास का लग जाना॥

सतरंगी हुआ मन होली में रे

होली आई रे, होली आई रे!
सतरंगी पुरवाई मन में लाई रे।
मन की गहराइयों से प्यार भर लाई रे,
होली आई रे, होली आई रे!

जीवन के रंगों से रंगत लाए,
जिन्दगी परिवार के संग।
दिल में भर आए उत्साह उमंग,
सतरंगी छटा बिखेरी नभ में।

क्या खूब रंग लाई रे होली मन में,
सतरंगी छटा बिखेरी रे मन में।
होली आई रे, होली आई रे!

समीउल्लाह खान
(पता :- खम्मम, तेलंगाना)

प्यार के रंग से भरो पिचकारी,
नेह के रंग में भर दो ये दुनिया सारी।
होली आई रे, होली आई रे!
रंगों की पुरवाई लाई रे।
ये रंग कोई जात-पात का भेद न जाने रे,
होली भाईचारे का परचम लहराई रे।
होली आई रे, होली आई रे!
रंगों का पावन पर्व होली आई रे।
होली आई रे, होली आई रे!

ये रंगों का त्यौहार आया है रे,
साथ अपने खुशियों की बौछार लाया है रे।
बुक्का, गुलाल लाल, पीली सरसों की सुगंध लाया है रे।
बसंत की सतरंगी छटा से सब के मन को भाया है रे,
अपने अपने दिलदारों को प्यार से लुभाया है रे।

जिंदगी जीने की कला

ज़िन्दगी में संघर्ष करते रहिए।
ज़िन्दगी में मेहनत करते रहिए।
ज़िन्दगी सलीके से जीना सीखिए।
सुख-दुख से, दुःख-सुख से होती है परिपूर्ण जिंदगी!

समीउल्लाह खान
(पता :- खम्मम, तेलंगाना)

ज़िन्दगी में मेहनत करते रहिए,
सुख के परचम लहराते रहिए।
ज़िन्दगी में सुख-दुख आते ही रहते हैं।
ज़िन्दगी में हिम्मत मत हारिए।
ज़िन्दगी सुख दुखों का संगम है।

मेहनत और संघर्ष करते रहिए।
अपनी मेहनत पर भरोसा रखते हुए,
ज़िन्दगी सलीके से जीने की कला सीखिए।
अपने हुनर के बलबूते पर कुछ कर दिखलाइए।

हम ऐसी मेहनत करें,
कि सफलता हमारे कदम चूमने पर लोग दंग रह जाएँ।
निर्भयता से ज़िन्दगी जीते हुए आशा किरण बन कर उड़ान भरिए।

किस्मत सबको मौका देती है तरीके से ज़िन्दगी जीने का।
मगर मेहनत सबको चौंका देती है ज़िन्दगी जीने के लिए।
ज़िन्दगी जीने के लिए मेहनत व संघर्ष के दिये जलाते रहिए।
ज़िन्दगी जिन्दादिली से जीते रहिए।
अपने हुनर के बल पर ज़िन्दगी जीने की कला सीखिए।

डंका इंसानियत का फिर से कब बजेगा

आओ आओ सब मिलकर आवाज उठाएं,
भारत में इंसानियत का परचम लहराएँ।
पुराने ज़ख्मों का मरहम हो रहा इक तरफ,
फिर नये ज़ख्म उभर रहे हैं कहां से!
फिर भी लोग ज़िन्दगी से मायूस नहीं हैं।
ज़िन्दादिली से ज़िन्दगी जी रहे हैं भारतीय के नाते।
मेरे आंगन में कुछ इंसानियत की कलियां महक रही हैं।
मैं किस भारतीय को उसकी ताजगी दे दूं?
मजहबी उन्माद के जोर से टूटे एकता की टहनियां,
कल्पवृक्ष जैसे फलते फूलते गंगा-जमुनी तहज़ीब को,
कैसे जान डाल सकती है?
डंका इंसानियत का फिर से कब बजेगा?
कुछ अजीब सा महसूस होता है,
इन हालाते हाजिरा को देख कर समझ में नहीं आता,
कि इंसानियत की जान आती है कि निकल जाती है?

समीउल्लाह खान
(पता :- खम्मम, तेलंगाना)

आओ आओ आओ आओ आओ आओ,
सब मिलकर आवाज उठाएँ,
भारत में इंसानियत का परचम लहराएँ।
अक्सर वही रिश्ते बड़े लाज़वाब होते हैं, एहसान फरोशी से नहीं।
इंसानियत के अहसासों से मजबूत और दिलेरी होते हैं।
जो आँख आँसू बहाती है वो कभी भी झूठ बोलती नहीं।
डंका इंसानियत का फिर से कब बजेगा?
आंखों से आँसू तभी निकलते हैं जब कोई,
अपना हो पराया दर्द दे बैठता हो।
अपने दिलों को थोड़ा बे करार कर लो,
ज़िन्दगी का दर्द समझना है तो,
इंसानियत से ज़िन्दगी को जिया कर लो।
आओ आओ आओ आओ आओ आओ,
सब मिलकर आवाज उठाएँ,
भारत में इंसानियत का परचम लहराएँ।
मज़हब नहीं सिखाता आपस में बैर रखना,
हर मज़हब आपस में भाई-चारा चाहता है।
आओ आओ घर घर, हर घर इंसानियत का परचम लहराएँ।

मैं पुरुष हूँ

शिवदत्त डोंगरे
(पता - खंडवा, मध्य प्रदेश)

रास्ते से परे पड़े शिलाखंड को
मैं पूर्ण श्रद्धा से देखता हूँ
मैं नहीं जानता
कि अपनी प्रचंड तप की शक्ति से
आक्रोशित
एक दम्भी पति
अपने विखंडित पुरुषत्व को
मान देने के लिए किसी
अहिल्या को शापित कर
पत्थर बना दिया हो।

डाल से टूटकर बिखरे
सूखे पत्तों को समेट कर
किसी ओट में कर देता हूँ
सोचता हूँ
ये हमारे जीवन के
उत्तरार्ध का एक काल खंड ही तो है
नितांत अकेला
अस्वीकृत और विस्मृत।

इन जर्द पत्तों सा
मैं जब आकाश में
किसी टूटते तारे को
देखता हूँ
मूँद लेता हूँ अपनी आँखें
भाग्य और भगवान पर
श्रद्धा रखने वाली
मेरी भोली माँ न जाने
कितनी आशंकाओं से
कंपकंपाती रही होंगी।

मुझे ज्ञात है
ईश्वर प्रदत्त जीवन और मृत्यु के
अन्तराल का स्वामित्व हमारा है
किन्तु
अपने अहं,विवेकहीनता
लालसा,सुविधाभोगी आकांक्षाओं
के कारण
समर्पित हो जाते हैं स्वयं से
दिशाहीन,पंथहीन
हमारा भटकाव भरमा देता है
हमारे कृत्य हमारा भावी
स्वरुप जड़ता है.

हम भूल जाते हैं
तुलसी का घाट, कबीर का बाट
जो मुक्ति द्वार है
यहीं प्रीति भी है , यहीं मुक्ति भी
कबिरा खड़ा बाजार में
सबकी मांगे खैर,
ना काहु से दोस्ती, ना काहु से बैर,
और आखिर में
अगर अमीरी देखनी हो
किसी फकीर से मिलिए
या फिर मुझ से....।

तोहार याद सतावेला

जब जब होली आवेला
तोहार याद सतावेला।
संग में खेलल होली के
उ फुहार नज़र आवेला।

बड़े साध से लिहल गइल
एक ही रंग में कपड़ा।
केतनो पड़ल गुलाल अबीर
भइल ना कवनों लफड़ा।

एक बार तऽ खेलल गइल
खुल के जीवन में होली।
फिर कबहूँ ना मिलबु
कहां हम सोचले रही।

ई बसंती बयार के साथे
जब जब फागुन आवेला।
विरह वेदना में हमरा के
तब तब बहुते तड़पावेला।

जब जब होली आवेला
तोहार याद सतावेला।
संग में खेलल होली के
उ फुहार नजर आवेला।

स्व० प्रेमशीला विजय प्रताप
कुशवाहा "संगम"
(पता :- कुशीनगर, उत्तर प्रदेश)

इंसानियत

एक सवाल है,
अगर मैं जाति न होकर
एक इंसान होता,
तो शायद मैं खुद को
नास्तिक की तरफ झुकता हुआ पाता।
ऐसा इसलिए
क्योंकि मेरा "दिमाग"
सबूतों और तार्किक सोच पर आधारित है।
एक इंसान के तौर पर,
मैं शायद किसी धर्म को
अपनाने से पहले
ठोस सबूत माँगता
जैसे कि
ब्रह्मांड की उत्पत्ति या
किसी अलौकिक शक्ति के बारे में।
बिना सबूत के,
मैं शायद किसी भी
धार्मिक विश्वास को पूरी तरह से
स्वीकार न कर पाता।
अगर मुझे कोई धर्म चुनना ही पड़ता,
तो मैं शायद इंसानियत का धर्म चुनता,
क्योंकि
इसमें समता, मैत्री, भाईचारा
पर जोर दिया जाता है,
जो मुझे तर्कसंगत
और व्यावहारिक लगता है।
लेकिन
फिर भी नास्तिक होना मेरे लिए
ज्यादा स्वाभाविक लगता,
क्योंकि मैं
सवाल पूछने और जवाब खोजने
की प्रक्रिया को सबसे ऊपर रखता।

राजेश कुमार बौद्ध
(पता :- गोरखपुर, उत्तर प्रदेश)

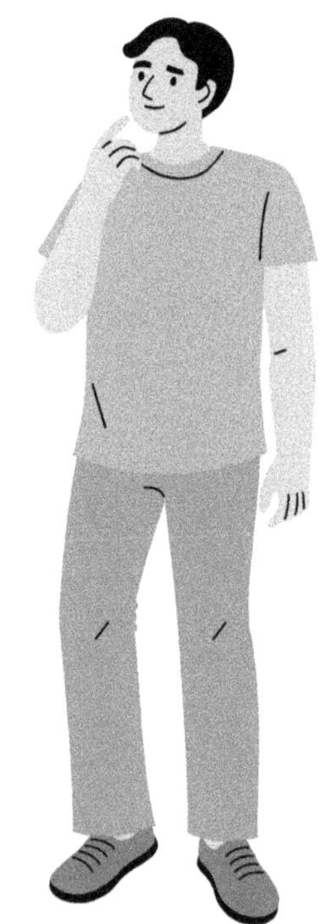

संत रैदास

राजेश कुमार बौद्ध
(पता :- गोरखपुर, उत्तर प्रदेश)

संत रैदास की कल्पना
और उनका ड्रीम था
बेगमपुरा स्थान बनाने का
जहाँ किसी को कोई गम दुख न हो,
सभी में समता समानता
और बराबरी का भाव हो
सभी में करुणा हो,
सभी अपना कर्म कर
मेहनत की रोटी खाएँ।
कोई ऊँच नीच भेदभाव
की भावना न हो
उसे ही उन्होंने बेगमपुरा नाम दिया।
उन्होंने कहा
ऐसा चाहूँ राज मैं,
जहाँ मिलै सभी को अन्न,
छोटे - बड़े सब सम बसे,
रैदास रहे प्रसन्न।
वास्तव में
नाथ संप्रदाय के संत
संत संप्रदाय के लोग
बुद्ध के पथ के अनुयायी थे
वो आज भी प्रासंगिक है।

नूतन नववर्ष अभिनंदन

चैत्र मास का नव संदेश,
खुशियों से भर जाए परिवेश।

नूतन अंकुरण धरा पर आई
प्रकृति हरियाली मन हर्षाई।

चैत्र मास का पर्व है आया,
नवसंवत्सर साथ में लाया।

अमृत बिसारिया
(पता :- दुबई)

श्री राम नवमी लगे सुहानी,
नवरात्रि की ज्योति दीवानी।

होली वैदिक यज्ञ मनाते,
सुख समृद्धि शांति है पाते।

गुड़ी पर्व शुभ संकेत है देता,
सज गये सारे नूतन खेता।

उगादि घर फूल सजाते,
नवरेह कश्मीर नववर्ष मनाते।

चेटीचंड सिंधी नववर्ष,
बैसाखी से नूतन हर्ष।

चैत्र नवरात्रि शक्ति संग,
राम नवमी श्री राम के ढंग।

हनुमान जयंती का क्या कहना,
बजे उठे मंगल से स्वर।

भक्ति उमंग माँ दुर्गा संघ,
टू पूजन अर्चन से मन हर्ष आए।

मुस्कुराना

मेरे मन में एक ख़याल आया
इंटरनेट को शायद मेरा मुस्कुराना नहीं भाया।

मैं तस्वीरें हर रचना के साथ डालती थी
जो मुस्कुराते हुए होती थी।

अमृत बिसारिया
(पता :- दुबई)

मैं यह जानती थी ऑल्वेज़ कीप योर फ़ेस स्माइलिंग
सो दिल खोल के मुस्कुराती थी।

कहाँ से कैसा तिनका किसकी आँख में आया
जिसको मेरा मुस्कुराना नहीं भाया।

लेकिन मैं मुस्कुराइए जिससे सब मुस्कुराएँगे
दिलोजान का ग़म कुछ तो कम कर पायेंगे।

दुःख और सुख दो राहें जीवन में,
मैं स्वार्थी दुःख निगला करती हूँ
बस ख़ुशियाँ उगला करती हूँ।

फ़ेसबुक बंद हुआ सारा कनेक्शन ख़त्म हुआ
पर यह बेवफ़ा मुस्कान फिर भी ज़िंदा रही।

चले थे दुनिया ज़हां का ग़म मिटाने को
हवन करते हाथ जले कहावत गले पड़ गयी।

पर हिम्मत ने पीछा कहा छोड़ा सिर मुड़ाते ओले पड़े
आसमाँ से गिरे खजूर में लटके रहे।

तुम आ जाते

जो तुम आ जाते एक बार
बिखरे मन को मिलता आधार।

तुम आ जाते एक बार,एक बार,
प्यार क्या होता है बताती एक बार।

प्यार शरीर नहीं रूहानी रिश्ता है,
आसक्ति नहीं यह फ़रिश्ता है।

बहुत कुछ दिल ने था सोचा,
लेकिन शब्दों में बंध न सका।

भीगी आँखें बन गयी कहानी,
कहाँ खो गई सूनी रवानी।

बस दो पल को मिल जाते तुम,
खामोशी बयाँ कर जाती ग़म।

अमृत बिसारिया
(पता :- दुबई)

हँसिये न

पत्नी ने अवाज़ लगाई सुनों न "जान"
पता नहीं इतना प्यार मधुर आवाज़ कहाँ से आयी,
बहुत प्यार से बुला रही हो,
रंग होली, गुलाल से नहा रही हो?

तन मन सब रंगीन हुआ है, बोलो तुम,
क्या कहना है? जानवर कहूँ वक्त जाया हो,
रंग न डालो दूर रहो,
"बुरा न मानो होली है।"

अमृत बिसारिया
(पता :- दुबई)

"रानी" कुछ मेहमान हैं आये,
गुझिया खाने, रंग लगाने,
क्या बात है प्यार की गगरी छलक रही,
होली का यह पर्व प्यार मोहब्बत खुशियों का है,
नौकरानी क्यों नहीं कहा?

पति हँसकर बोला, "ऐसी बात?
कुछ लंबा और समय नहीं था,
आज तो होगा रंगों का साथ!"
भागे मियाँ बचाने जान,
दोस्त हँसे, हुए हैरान,
बुरा न मानो होली है,
होली में ऐसी नोकझोंक,
बिना मजे के लगे न शोख़।

चले प्रकृति की ओर

अमृत बिसारिया
(पता :- दुबई)

आओ चले प्रकृति की ओर,
शीतल पवन लगे रसवंती,
कुदरत भी कितनी आह्लादित,
तरु पर्ण को गले लगा ले।

आओ बागों की अमराई देखें,
खग वृंद की चह-चह सुन लें,
खुली आँख से देखें भोर सुनहरा,
भौतिक ब्रह्माण्ड को गले लगा लें।

तितली नर्तन भौंरा गुंजन बागों में ,
अंगड़ाई फूलों की निहारे, मस्ती में
झूम वो हमें पुकारे, इनकी फितरत जानें,
हम सब मिलकर इसे दिल में बसा लें।

देखो पावन नदियों की रवानी,
एक घाट पर पीते पानी, जग फैली
है बसंती आभा, पीताम्बर ऋतुराज ने
साजा,आओ मन में एहसास बसा लें।

सरसों फूली पीली पीली, खेती
लहराई रंग रंगीली, अन्नदाता की
खुशी बढ़ाने, प्यार और अपनापन
बसाने, आओ प्रकृति को गले लगा लें।

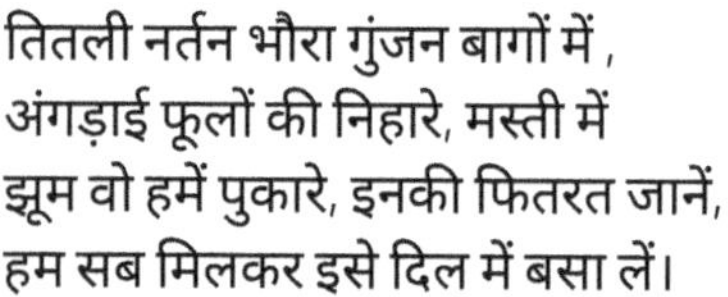

कविता

शब्दों में बिखरी ध्वनि की खुशबू सारी,
भावों की मधुरता खिलती फुलवारी।

दिल की गहराई से जो एहसास निकलें,
स्वप्न सजीले रंग भरे मन आशा पलें।

कलम उठे तो कागज़ पर स्वर बहते हैं,
मन के दीप मोती बन सदा दमकते हैं।

हर अक्षर से रस भाव स्पंदन बरसता,
भावों का अम्बर आफ़ताब चमकता।

कवि की दुनिया मन के भाव अनोखे है,
सारे भाव स्वछंद यहाँ न रुकते है।

कविता दिवस की कवियों को बधाई,
शब्दों में बहा देते है भावों की तन्हाई।

अमृत बिसारिया
(पता :- दुबई)

माँ के भवन तक ले चलो

आज मुझे साथियों माँ के भवन तक ले चलो,
होम कर दूँगी सभी अवगुण हवन तक ले चलो।

नवरात्रि का अनुपम उपहार नव संवत्सर,
साथियों मुझे माँ के भवन तक ले चलो।

चल कर सजायेंगे हाथों से माँ का दरबार,
साथियों मुझे माँ के वतन तक ले चलो।

चलो करे पूजा अर्चन और माँ का श्रृंगार,
साथियों मुझे माँ के मंदिर तक ले चलो।

तन मन धन जो कुछ है सब कर देगें वार,
साथियों मुझे माँ के चमन तक ले चलो।

चंदन अक्षत रोली चढ़ा करेगें मनुहार,
साथियों मुझे माँ के भवन तक ले चलो।

माँ बाँट रही सभी को अपना प्यार दुलार,
साथियों मुझे माँ के अँगन तक ले चलो।

अमृत बिसारिया
(पता :- दुबई)

माँ

शैलेंद्र कुमार "शैल"
(पता :- पटना, बिहार)

माँ,
मानव सृष्टि की रचयिता।
प्रथम ज्ञानदाता भाग्य विधाता।

अपना सर्वस्व लुटाती प्यार व ममता।
दिलों में दर्द छिपा हरदम विहँसती।
रात दिन कुछ भी न समझती।
लोरियाँ सुनाती, डाँटती, फटकारती।
मेरे सपनों को पंख लगाती।
अंगुली पकड़ चलना सिखलाती।
मक्खन, मिश्री, दूध, मलाई खिलाती।
अपना सुख दांव लगाकर सबकी चिंता करती।
दिन-रात मेहनत मजदूरी कर हमें पालती।
तनिक नहीं सकुचाती सुस्ताती।
माँ के आँचल से बढ़कर नहीं कहीं सुख पाता।
दुख में पुचकारकर ढाढ़स बँधाती।
बरबस मुख से शब्द केवल माँ निकलता।
माँ पावन गंगा, इसमें डुबकी लगाता।
धन्य-धन्य हे माँ ! याद तुम्हारी आती।
माँ अगर है साथ तुम्हारे, करते रहो प्यार।
सब सुख मिल जाएँगे सब तीर्थ बेकार।
माँ ! शत-शत नमन करता, श्रद्धासुमन अर्पित।

महाकुंभ

देख के महाकुंभ की तैयारी।
हैरत में है दुनिया सारी।
144 साल बाद आई अमृत स्नान की बारी।
तीर्थराज प्रयाग में छाई है छटा न्यारी।
सनातनियों की जुटी है फौज यहाँ भारी।
ढोल नगाड़े शंख मृदंग की गूँज है प्यारी।
फहर रहे हैं ध्वज झूम रहे हैं भगवाधारी।
देख ताकत सनातनियों की झुकी दुनिया सारी।
गंगा जमुना सरस्वती की है महिमा न्यारी।
जय श्री राम के नारों से गूँजी प्रयाग नगरी।
अयोध्या श्री राम की झांकी, संभल हरिनाथ नगरी।
अमेरिका, रूस, जापान, थाईलैंड, ईरान की है लाचारी।
दुनिया की सबसे धनी महिला हो गई भगवाधारी।
विश्व गुरु बनने की हो रही है अब तैयारी।
66 करोड़ लोगों की दिखी है आस्था भारी।
चलो निहारें अपलक नैनों से दृश्य मनोहारी।

शैलेंद्र कुमार "शैल"
(पता :- पटना, बिहार)

व्यथा मजदूरों की

इस दुनिया के सृजनकर्ता मजदूर हैं हम।
बेबस और लाचार अपनों से दूर है हम।
अश्रुधार नैनों में लिए सिसक रहे हैं।
परिजन आज घरों में मेरे विलख रहे हैं।
रात-दिन जिनके लिए पसीने बहाये, वे क्यों दुतकार रहे हैं?
अपना वतन घर वाले हमें पुकार रहे हैं।
अन्न-पानी-वसन बिना हो गए मजबूर हैं।
मिलो दूर शहर से ठेला, रिक्शा, पैदल आ रहे हैं।
इस विषम परिस्थिति में पथ में जान गवा रहे हैं।
वतन के सियासतदाँ अपनी रोटियां सेक रहे हैं।
फँसा जीवन मझधार हो गए बेरोजगार हम हैं।
एक पल में टूट गए सपने हो गए बेहाल हम हैं।
जरा सोचो! मेरा क्या है कसूर मजदूर हम हैं।
नहीं जाना अब दूर भूखे रहना है मंजूर।
दर्द सीने में दबाकर रहने को हैं मजबूर।
हम भी हैं इंसान वतन से है हमें प्यार।

शैलेंद्र कुमार "शैल"
(पता :- पटना, बिहार)

रतन टाटा

भारत के नवनिर्माण में खड़ा रहा,
अटल अनमोल रतन।
अपना सर्वस्व दान दिया वह धन।
तन मन सब माँ भारती को अर्पण।
अस्पताल, उद्योग, व्यापार दिया कर जतन।
एयर इंडिया, होटल, धर्मशाला समर्पित वतन।
रोजगार स्पेस की दुनिया में भी किया सृजन।
शिक्षा, विज्ञान के क्षेत्र में लहराया परचम।
विश्व धरा पर उपजा दृश्य विहंगम।
सादगी सच्चाई की प्रतिमा बन छाया गगन।
हर जन के मन को भाया यह रतन।
9 अक्टूबर 24 को छोड़ चला अपना वतन।
कर्मश्री को हम सब का शत् शत् नमन॥

शैलेंद्र कुमार "शैल"
(पता :- पटना, बिहार)

चैंपियंस ट्राफी 2025

विशाल जैन "पवा"
(पता :- तालबेहट,
उत्तर प्रदेश)

रोहित शर्मा ओपन करते, शुभमन गिल देते हैं साथ।
चौके-छक्के खूब लगायें, शतक बनाते उठते हाथ॥
देख कोहली दर्शक झूमे, बल्लेबाजी करे विराट।
श्रेयस अय्यर साथ निभाते, ऋषभ पंत देखें यह ठाट॥

हार्दिक पांड्या लक्ष्य बनाये, दूजी टीम लगे जो काल।
आर. जडेजा भी चौंकाये, सर रविंद्र मानो विकराल॥
राहुल के.लोकेश खड़े हैं, आगे-पीछे दिखे विकेट।
गेंदबाज के सहयोगी बन, कैच सभी ले रहे लपेट॥

अतुलित है मोहम्मद शमी, पूर्ण कमी करते जसप्रीत।
याद करें बुमराह नहीं है, वरुण चक्रवर्ती मन जीत॥
हाथ घुमाएँ गेंद फेंकते, जो गुगली यादव कुलदीप।
समझ नहीं सकता है कोई, हर्षित राणा बने दिलीप॥

बने धुरंधर अक्षर भाई, सजते बल्ला-गेंद पटेल।
अर्शदीप सबको मन भाये, देश दिखायेंगे कब खेल॥
सुन्दर वाशिंगटन सँवारे, दुबई का भारत अभियान।
बने चैंपियन लेकर ट्राफी, रोहित-शुभमन उप कप्तान।।

होली-दीपावली मनायें, दर्शक हैं भारत के वीर।
श्रेय मिलेगा विजय सभी को, कोच रहे गौतम गंभीर॥
जायसवाल यशस्वी रहते, शिवम दुबे-सिराज के संग।
जीत मनोरम मिला समर्थन, उत्सव देखें अनुपम रंग॥

पलकों की डोरी

कमल चंद्रा
(पता :- भोपाल, मध्य प्रदेश)

पलकों की डोरी पर
अहसासों की क्लिप से
टाँगे रही थी कुछ सपने
वे सपने, जो दबाब की गंध
और गुमनामी की गलियों में
गुड़ी - मुड़ी हो गये थे
आज चमकती धूप और खिलखिलाती हवा से
मुस्करा उठे हैं,
बहुत से सपने, घर के, परिवार के
बच्चों के पर मेरे? वो कहाँ हैं ?
दिख ही नहीं रहे?
मैंने खंगाली पोटली
एक छोटा-सा सपना मेरी
आँखों के सामने लहराया
ओहो.... यह क्या है?
मैं लाल सुर्ख साड़ी,
गहने, पीली चुनरी में घूँघट काढ़े
रोती हुई माँ के आँचल में समृद्धि के
चावल उछालती हुई घर की देहरी
पार करती हुई ढूँढ़ रही थी पापा को
कहाँ हैं वे? सोच रही थी कि,
मेरी विदाई पर कहाँ चले गए?
और मैं पलटी तीर की तरह जा पहुँची
अपने कमरे में।
ताई, चाची रोक रही थीं,
बिटिया! अब न जाओ भीतर
पर मैं न रुकी,
देखती हूँ टेबललेम्प की मध्यम रोशनी में
मेरी किताबों को सहला रहे
पास पड़े मेरे बिस्तर के
तकिये पर हाथ फेर कर निश्चित ही

मेरा अहसास कर रहे थे।

मुझे अचानक आया देख बड़ी ही

चतुराई से आँखों का गीलापन छिपाते

पूछ बैठे - अरे बेटा! कुछ छूट गया क्या?

कैसे कहूँ कि, सभी कुछ यहाँ छूट रहा है

कैसे रहूँगी उन बेगानों में आप सभी के बिना?

पर कह न सकी,

मेरे कंधे पकड़ कर चल बेटा!

विदाई का मुहूर्त निकल जायेगा।

कह कर बाहर लाये,

और थमा दिए मेरे हाथों को उन मजबूत

सशक्त हाथों में और

बोले - पगली है ये बेटा! थोड़ा ज्यादा ध्यान रखना होगा,

ये झुक गए उनके चरणों में

आप चिंता न करें मैं बहुत ध्यान रखूँगा

फिर कंधे से थामे कार में बिठाया

और मैं कार की साइड मिरर से देखती रही

सभी को बौना होते

बरसों बाद भी वही संरक्षण

वही अपनेपन से ओत - प्रोत हूँ .....

पापा को बताना चाहती हूँ कि,

पापा! मेरे लिए इनका चुनाव रत्ती भर भी

गलत नहीं रहा.... पर किससे कहूँ?

आज पापा भी सपना बन गए हैं।

गेहूँ

पंजाब से आई हूँ,
लगती हूँ सबकी बहू।
खाने के काम आती हूँ,
लोग कहते हैं गेहूँ।

खेतों में उपजती हूँ,
खलिहानों में सजती हूँ।
मशीन में जाकर,
सही रूप में निखरती हूँ।
किसानों के घर आकर,
कोठी के आकार में सँवरती हूँ।
पंजाब से आई हूँ।
लगती हूँ सबकी बहू।
खाने के काम आती हूँ,
लोग कहते हैं गेहूँ।

धोने के बाद,
चक्की में पिसी जाती हूँ।
पिसने के बाद,
पानी में मिलाई जाती हूँ।
रोटी बनने के लिए,
तावे पर चढ़ाई जाती हूँ।
जब रोटी बनकर निकलती हूँ,
तब घी तेल में सँवरती हूँ।
खाने के लिए साग-सब्जी के साथ
दूध-दही में मिलती हूँ।
खाने के बाद,
सबको पसंद आती हूँ।
पंजाब से आई हूँ।
लगती हूँ सबकी बहू।
खाने के काम आती हूँ,

अरुण कुमार
(पता :- पालीगंज, पटना, बिहार)

लोग कहते हैं गेहूँ।

डॉक्टर भी सलाह देते हैं,
चावल कम गेहूँ खाओ।
स्वस्थ रहना चाहते हो तो,
दाल रोटी और गेहूँ खाओ।

बी पी, शुगर और मोटापा,
सबको नियंत्रण करतीं हूँ।
आये हुये मेहमानों को,
पूरा निमंत्रण करतीं हूँ।
पंजाब से आई हूँ,
लगती हूँ सबकी बहू।
खाने के काम आती हूँ,
लोग कहते हैं गेहूँ।

गरीब,अमीर या होटलों के,
चूल्हे पर पककर भूख बुझाती हूँ।
जो न मेरा महत्त्व समझे,
उसे खून के आँसू रुलाती हूँ।

लोग मेरी खातिर ,
घर छोड़ कमाने जाते हैं।

मेरी दी हुए ताकत से,
खूब शरीर, दिमाग चलाते हैं ।
जहाँ भी जाओ मेरी चर्चा,
जो खूब कलम चलाते हैं।
मेरे खातिर लोग,
घर छोड़ कमाने जाते हैं।
पंजाब से आई हूँ,
लगती हूँ सबकी बहू।
खाने के काम आती हूँ,
लोग कहते हैं गेहूँ।

जो समझता है बहू,
उसका घर सजाती हूँ।
लोक, लाज और शर्म से,
दुनिया में उसकी बचाती हूँ।
पंजाब से आई हूँ,
लगती हूँ सबकी बहू।
खाने के काम आती हूँ,
लोग कहते हैं गेहूँ।

सबके सहारे रतन टाटा हमारे

रतन टाटा हमारे,
सबके बने सहारे।
जन जन के दुलारे,
रतन टाटा हमारे.....

ज़मी रो रही है,
गगन रो रहा है।
भारत के पद्म भूषण,
विभूषण रो रहा है।
पवन भी मायूस है,
चमन भी खामोश है।
सबके सहारे है,
जन - जन के दुलारे हैं......

एक सितारा चला गया,
हम लोगों के बीच से।
भारत को बचा लिया उसने,
फोर्ड जैसे नीच से।
भारत को आगे बढ़ाये,
जनता के आशीष से।
सबके बने सहारे है,
जन - जन के दुलारे हैं...

कई घर के चूल्हा रोया,
चेहरा रहा उदास।
कई बच्चों ने सपना खोया,
जब गये ये भगवान के पास ।
भारत के राजदुलारे थे,
सोनी - नवल के आँखों के तारे थे।
सबके बने सहारे है,
जन - जन के दुलारे हैं......

अरुण कुमार
(पता :- पालीगंज, पटना, बिहार)

जब ताज पर आया संकट था।
हनुमान बनकर प्रकट था।
जान तो न लौटा सके ये।
पर सुनी गोद खिला सके ये।
ज़ख्मों पर मरहम लगा कर,
आँसू से नाता छुडा सके ये।
सबके बने सहारे है,
जन - जन के दुलारे हैं.......

टेसला, कोरस या जगुआर,
सबको गले लगाया है।
इलेक्ट्रिक गाड़ी टिगोरा लाकर,
प्रदूषण से सबको बचाया है।
नैनो के सपना देखे,
छोटी गाड़ी लाए हैं।
सबके बने सहारे है,
जन जन के दुलारे हैं.....

नारी घर की शान

घर की शान है नारी,
सभी का रखती ख्याल है नारी,
परिवार में संतुलन लाती नारी,
कुल को वंश देती है नारी।

यह है आज की नारी,
सभी जवाबदारी निभाती,
घर हो या दफ्तर शान है नारी,
सभी को संतुलन लाती नारी।

सुदृढ़ संकल्पित है आज की नारी,
पुरूषों के मुकाबले सुदृढ़ है नारी,
समाज को आगे बढ़ाती नारी,
घर परिवार को बढ़ाती नारी।

संतुलित समाज है आज की नारी,
संकल्पित समाज है आज की नारी,
समाज की आन बान और शान है नारी।
समाज की आन बान और शान है नारी।।

जगदीश प्रसाद गबेल
(पता :- सक्ती, छत्तीसगढ़)

गर्व है मुझे मैं नारी हूँ

जगदीश प्रसाद गबेल
(पता :- सक्ती, छत्तीसगढ़)

गर्व है मुझे मैं नारी हूँ,
अकेले ही सब पर भारी हूँ।
तोड़ के हर पिंजरा
जाने कब मैं उड़ जाऊँगी,
चाहे लाख लगा लो बंदीशें
फिर भी दूर आसमान में
अपनी जगह बनाऊँगी,
गर्व है मुझे मैं नारी हूँ,
अकेले ही सब भारी हूँ।

माँ - बाप की आन हूँ मैं,
हर घर की शान हूँ मैं,
बेईमानी से भरी इस दुनिया में
न डगमगाए वो इमान हूँ मैं,
हर जुल्म सहकर भी नहीं घबराई
हौसलों से भरी उड़ान हूं मैं,
गर्व है मुझे मैं नारी हूँ,
अकेले ही सब पर भारी हूँ।

आस्था है विश्वास है प्यार है नारी,
हर नाव को पार लगाती पतवार है नारी,
अंधे एक डोरी सा सारा परिवार है नारी,
जीवन का सबके आधार है नारी,
गर्व है मुझे मैं नारी हूँ,
अकेले ही सब भारी हूँ।।

सुहानी भोर

सुहानी भोर नयी किरणें लाई,
सुहानी भोर नयी उमंग लाई,
नयी किरणें नयी सफलता लाई,
नयी भोर ने जीवन को सफल बनाया,
सूरज की किरणें धीरे से मुस्कुराई,
अँधेरे में नयी रोशनी लाई,
फूलों की सुगंध फैली आसमान में
आसमान में फैली नई किरणें,
सफलता की फैली उम्मीदें,
नयी भोर स्वागत करने आई,
नई उम्मीदें स्वागत करने आई,
नए सपने नयी भोर लेकर आई,
नयी भोर ने सभी को जगाया,
नयी किरणों ने सभी को उठाया,
नयी भोर नया सपना लाई,
नयी भोर रोज नयी कहानी लाई।।

जगदीश प्रसाद गबेल
(पता :- सक्ती, छत्तीसगढ़)

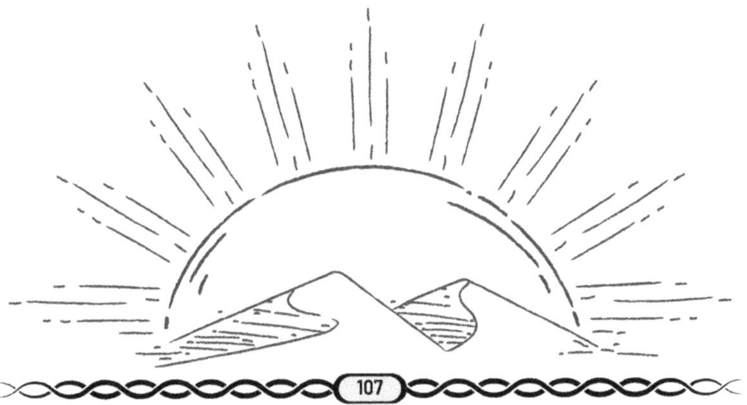

पलाश

वसन्त ऋतु के शुभागमन,
से हर्षाये पलाश के पुष्प।
केसू, परसा, किंशुक, पलाश,
ढाक शब्द से कहलाये पलाश।
जो चिरपरिचित कवियों के,
भावों में छाये आदि से अंत।

रक्तिम वर्ण से सजी वृक्ष की,
डाल-डाल अंगारे जल रहे।
अग्नि की लपटें उठ रही थीं,
मानो वृक्ष के शिखर तक।
जंगल की पगडंडियों पर,
निर्जल घाटियों में खिलते।
प्यासे उजाड़ स्थल पर भी,
पलाश धधक रहा, हे मधुमास!
कैसा है ये तेरा अद्भुत श्रृंगार!

उषा की प्रथम किरणों के,
प्रकाश में मुस्कराते पलाश।
देख याद आती वे मुलाकातें,
जिन्हें रंग दिया रक्त वर्ण से।
हम छुपें पलाश के आगोश में,
शक्ति दायिनी ऊष्मा पाकर।

पलाश पुष्प मुकुलित होकर,
छोड़ देते पर्णों का साथ।
तब ये चटक लाल सफेद फूल,
प्रकृति की अनूठी रचना कहलाते।
बेरंग मौसम में रंग भर देते।
माता लक्ष्मी पर समर्पित करते,
सुख समृद्धि की अभिलाषा लिए।

अमिता मराठे
(पता :- इंदौर, मध्य प्रदेश)

गुणी पलाश पर फागुन का नशा,
प्राकृतिक रंग सौन्दर्य वासंती का।

वसन्त के शुभ आगमन पर,
हर्षाये बौराए पलाश पुष्प सारे।

गुलाब

डॉ० मन्नूलाल चेलक
(पता :- रायपुर, छत्तीसगढ़)

सूखा एक गुलाब,
आज किताब में जो मिला।
महकती हुई यादों का,
गुलशन फिर खिला।
सूखी हुए फूल में,
कितनी लहक बाकी है।
यादों की इसमें,
अभी तक महक़ बाकी है।
बंद पन्नों में था यह,
मूक था उदास।
देता सुनहरे,
अतीत का आभास।
सूखा एक गुलाब,
आज किताब में जो मिला।
महकती हुई यादों का,
गुलशन फिर खिला।।

यूँ कुछ बता गया

आदत थी मुझे हमेशा नींद में रहने की।
शराबी कहकर मुझे वो मेरा चरित्र बता गया।।

एक वादा मैंने भी निभाया ज़िंदगी से।
मदहोशी में ही तमाम ज़िंदगी बिता गया।।

संग झोंकों के पत्ते-सा बहता चला गया।
बंद पलकों से रिश्ते मैं निभाता चला गया।।

बेवजह ही यूँ मुस्कुराता चला गया।
वजह महँगी थी मैं कतराता चला गया।।

गुज़रा ज़माना लफ़्ज़ों का कुछ खेल बता गया।
ज़मीर का मेरे वो यूँ हिसाब बता गया।।

कुमार सतीश
(पता :- हिसार, हरियाणा)

मुझे सिखा दिया

अच्छा हुआ ठोकरों पर चलना सिखा दिया।
ऐ वक़्त! तूने मुझे भी क़द्रदान बना दिया।।

हुनर लोगों के पढ़ना सिखा दिया।
दोधारी तलवार का हमसफर बना दिया।।

चाल ज़माने की परखना सिखा दिया।
गोटियाँ शतरंज की समझना सिखा दिया।।

रिश्तों का गुणा-भाग बता दिया।
दो और दो का हिसाब सिखा दिया।।

हर चेहरे का अंदाज़ बता दिया।
अक्स आइने में मेरा दिखा दिया।।

कुमार सतीश
(पता :- हिसार, हरियाणा)

ध्वज वंदन गीत

ध्वज-वन्दन, ध्वज-वंदन,
ध्वज-वंदन, ध्वज-वंदन !!

ध्वज-वंदन अभिमान है मेरा,
यही एकता का संदेश।
दसों-दिशाएँ गूंज रही हैं,
देती प्यार-धर्म-आदेश॥
ध्वज-वंदन, ध्वज-वंदन !!

वैद्य ईश्वर पुरवार निर्मोही
(पता :- कटनी, मध्य प्रदेश)

तीन-रंगों का साथ हमारा,
विश्व-शांति बन जाता है।
अशोक-चक्र से बँधा हुआ है,
विघटन नहीं कराता है॥
लहराता जब ध्वज-हमारा,
मस्तक ऊँचा होता है।
सर्व-धर्म समाज में ये,
नया-जोश भर देता है॥
ध्वज-वंदन- ध्वज-वंदन !!

शौर्य, वीरता और शांति का,
हमको पाठ पढ़ाया है।
बलिदानी इस समाज के हर सदस्य का,
इसने मान बढ़ाया है॥
जिसने भी इस ध्वज को लेकर,
जब भी शपथ उठाई है।
प्राण-न्यौछावर करके अपनी,
इसकी आन बचाई है॥
ध्वज-वंदन, ध्वज-वंदन !!

पूरब-पश्चिम, उत्तर-दक्षिण,
'ध्वज' का है सम्मान।

सभी दिलों को इसने मिलाया,
मेरा ध्वज है महान॥
पार्थिव शरीर गौरव पाता,
ध्वज में लपेटा जाएगा।
जनम-जनम तक अब यादों में,
हमको संजोया जाएगा॥
ध्वज वंदन, ध्वज वंदन !!

कर्म करें हम सच में ऐसा,
मिले ये ध्वज-सम्मान।
मेरा ध्वज है महान, मेरा ध्वज है महान॥
मेरा ध्वज है महान, मेरा ध्वज है महान॥
ध्वज-वंदन, ध्वज-वंदन !!
ध्वज-वंदन, ध्वज-वंदन !!

कब तक चलेगी

झूठ फरेब बेईमानी कब तक चलेगी।
ये हंसमुख छोटी जिंदगानी कब तक चलेगी।

दूसरों की सुननी नहीं केवल अपनी ही कहनी,
ये फरमानी ना-फरमानी कब तक चलेगी।

सिखाने वाले तंग आ चुके हैं सिखाकर,
ये सीखने में आनाकानी कब तक चलेगी।

सोमदत्त शर्मा आसरी
(पता :- कुरुक्षेत्र, हरियाणा)

समय ऐसा होता है चीता भी थम जाता है,
हर वक्त ये दौड़ तूफानी कब तक चलेगी।

आशिक का वजूद रेत की दीवार जैसा होता है,
लग पाए ना हवा-पानी, कब तक चलेगी।

सर्दी में सर्दी होती है और गर्मी में गर्मी सनम,
हर समय हवा बर्फानी कब तक चलेगी।

कभी खुशी, कभी गम, ये प्रभु के रंग हैं हमदम,
हरदम रहे आँख में पानी, कब तक चलेगी।

साँसों की घड़ियाँ मिली हैं नाप-तोलकर तुम्हें,
हमेशा हरि की मेहरबानी कब तक चलेगी।

वादा इरादा ज्यादा टिका नहीं रहता अब,
कभी तो सूखेगा नदी का पानी, कब तक चलेगी।

छोटी दरार बड़ी दीवार गिरा ही देती है,
है सबकी इतनी सी कहानी, कब तक चलेगी।

उम्र चालीस की होने को है 'सोमदत्त' सुधर जा,
चौबीस घण्टे ही नादानी कब तक चलेगी।

तन्हाइयों का आलम

पूर्णिमा सिंह
(पता :- नागपुर, महाराष्ट्र)

तन्हाइयों का आलम है
पर एक शोर सा सुनाई देता है
जाने कौन किसके साथ है
जाने कोई खुद से ही खफ़ा बैठा है।
कोई मिले तो सही; गुफ्तगू के लिए
यहाँ हर शख्स मसरूफ़ दिखाई देता है
तन्हाइयों का आलम है
पर एक शोर सा सुनाई देता है।

मिलती है जुबां पर; दिलों में दूरी है
कोई नहीं यहाँ जो वक़्त पर वक़्त देता है
मुस्कुराहट में भी वो खुशी नहीं
जिसमें मिठास हो,
यहाँ तो इंशा जुबां में ज़हर लिए बैठा है
तन्हाइयों का आलम है
पर एक शोर सा सुनाई देता है।

कौन कहता है कि रस्मे-उल्फत निभाए नहीं जाते
खुद से खुद की मुलाकात हो तो देखो;
कितनों के दिल पर एक घाव सा होता है।
हवाओं सरगोशियों में नशा सबसे जुदा होता है
तन्हाइयों का आलम है
पर एक शोर सा सुनाई देता है।

क्या-क्या खरीदोगे?

पूर्णिमा सिंह
(पता :- नागपुर, महाराष्ट्र)

हर चीज बिकती है सरे बाज़ार यहाँ
बोलो क्या- क्या खरीदोगे,
बिकता है ईमान यहाँ बोलो किस भाव खरीदोगे
सरे बाज़ार बिक रही इंसानियत
क्या इसका मोल लगाओगे?
हर रिश्ते का एक मोल है
क्या इसका भी भाव लगाओगे?
खुशी बिकती है, ग़म है, जो मुफ्त मिलता है
क्या इसकी अदला-बदली कर पाओगे?
इंसा के बोल यहाँ पर महँगे हैं
और चीख यहाँ पर सस्ती है ।
बोल यहाँ पर ढूँढ़ते हैं उन शब्दों को;
जो मरहम का काम करें,
उस मरहम का भी एक दाम है
क्या वह दाम चुका पाओगे?
या दम घुटते इस जहां को अपनी चीख सुनाओगे?
या फिर अपनी आवाज़ को ही मिटाकर
इस जमाने की हाँ में हाँ मिलाओगे
हर चीज बिकती है सरे बाज़ार यहाँ
बोलो क्या-क्या खरीदोगे?

यादों का दर्पण

साक्षी साहू सुरभि
(पता :- महासमुन्द, छत्तीसगढ़)

यादों के झरोखे से,
मीठी सी मुस्कान नजर आती है।
न जाने कौन है वो,
इठलाती बलखाती नजर आती है॥

सपनों की दुनिया में,
परियों संग खेलती नजर आती है।
घर आँगन बगिया में,
किलकारियाँ भरती नजर आती है॥

मन मोहिनी सी सूरत,
सबके मन को मोह जाती है।
खिलखिला कर हँसे तो,
सारी सृष्टि में बहार आ जाती है॥

यादों के धुंधले दर्पण में,
एक फीकी सी तस्वीर नजर आती है।
जोर दिया मन मस्तिष्क में,
धुंधली सी मेरी छवि नजर आती है॥

आज शाम सी ढलती उम्र,
बचपन में लौट जाना चाहती है।
पर यह कहां संभव है,
वह तो सिर्फ यादों में नजर आती है॥

बैरी मन

माया तन का ओढ़ के,
मन लागे बौराय।
भरम अनन्त फिर पाल रखे,
अनंत वही खा जाए॥

बैरी मन का चाल भी,
कोई समझ नहीं पाए।
माया के बाजार में,
पल-पल फँसता जाए॥

संत, मुनि, ज्ञानी, ध्यानी,
कोई घोर-अघोर कहाय।
नाना रूप बनाई के,
मन लागे इतराए॥

धन-दौलत, रंग-रूप भी,
माया ने ही सजाय।
बल-बुद्धि दोऊ दनवा,
अहम बन बहलाय॥

तन का नाता जोड़ के,
मन लागे मुस्काय।
अपने ही अपनों में उलझे,
खेल यह मन को भाय॥

राजा, रंक, फ़कीर और,
वृद्ध, यौवन, किशोराय।
मोह-माया में डूबा है मानव,
चंचल मन भरमाय॥

अपना कोई हुआ पराया,

वेद प्रकाश दिवाकर
(पता :- पासीद, सक्ती, छत्तीसगढ़)

कोई बैरी बन सताय।
जलता है कभी द्वेष जहन में,
कभी नफ़रत तन को खाय॥

मन मतंगी डोरे डाले,
दर-दर लागे भटकाय।
माया के बाज़ार से मानव,
कभी निकल न पाय॥

माया के बाज़ार से मानव ,
कभी निकल न पाय॥

बचपन

वो भी क्या दिन थे,
माँ की गोद में खेला करते थे,
पापा के कंधे पर झूला करते थे,
हँसने की कोई वजह न थी,
रोने का कोई बहाना न था,
जो मन कहे किया करते थे।

रेनू सिंह
(पता :- रुद्रपुर, उत्तराखंड)

आँगन मे पड़े खिलौने,
खेलते खेलते सो जाते,
आँख खुली तो बिस्तर पर होते,
कागज की कश्ती बारिश का पानी,
करते थे हम सब अपनी मनमानी।

कल की कोई चिंता नहीं,
भविष्य की कोई फिक्र नहीं,
कुछ पाने की आस नहीं,
कुछ खोने का डर नहीं,
जिम्मेदारी का बोझ नहीं,
कोई सपना देखा नहीं,
पूरा करने की चाह नहीं।

झट से टूटती दोस्ती,
फट से जुड़ती दोस्ती,
वो माँ की डाँट और प्यार,
वो पापा का गुस्सा और लगाव,
बचपन की याद दिलाता है,
आँखों में आँसू भर लाता है।

आगे बढ़ना सीख लिया तो

डॉ० जय प्रकाश प्रजापति
(पता :- कानपुर, उत्तर प्रदेश)

आगे बढ़ना सीख लिया तो, जीवन सुखमय हो जाएगा।
जीवन की हर एक बाधा से, लड़ना तुमको आ जाएगा॥

काम कोई कठिन नहीं है जगत में, बस करना चाहो तो।
हिम्मत और साहस दोनों साथ हों, बस बढ़ना चाहो तो॥
मन का भ्रम जो पाला तुमने, उसे निकाल फेंकना होगा।
कोई तुम्हारे पैर नीचे खींचना चाहे, उसे झटकना होगा॥
जिस दिन अरुणोदय होगा, उस दिन सब भा जाएगा।
आगे बढ़ना सीख लिया तो, जीवन सुखमय हो जाएगा॥

जीवन को कम न समझो,इसमें भी विशालता देखी है।
सारा कुछ मन का खेल है, इसमें भी गंभीरता देखी है॥
यदि जिज्ञासु मन हो तो फिर, जीवन खिल खिल जाता।
थोड़ी सी मेहनत कर लेने से, सब कुछ दृश्य हो जाता॥
सोना छोड़ो, कुछ करना चाहो, फिर मंजिल पा जाएगा।
आगे बढ़ना सीख लिया तो, जीवन सुखमय हो जाएगा॥

ईश्वर उनको ही देता आया है, जो खुद कुछ करना चाहें।
ईश्वर उनकी ही झोली भरता है, जो उठाते अपनी बाहें॥
धर्म कर्म तू करता जा मनुष्य, फिर जो चाहे सो पाएगा।
केवल धरा ही नहीं, जल और आकाश झंडा फहराएगा ॥
यदि जरा सी लापरवाही की तो, यह समय चला जाएगा।
आगे बढ़ना सीख लिया तो जीवन सुखमय हो जाएगा॥

डॉ० भीमराव अम्बेडकर

डॉ० जय प्रकाश प्रजापति
(पता :- कानपुर, उत्तर प्रदेश)

भारत में था एक सितारा जन्मा, सब भीम उसे कहते थे।
पूरी दुनिया थी उनको जानती, उन्हें ज्ञानी पंडित कहते थे॥

छुआछूत के बीच पढ़ा वह, दूर-दूर सब थे करते उसको।
फिर भी उसमें जज़्बा था इतना, सभी सलाम करते उसको॥
अपने भाईयों में सबसे हिम्मती था, भीम उसे ही कहते थे।
बार बार राह में कांटे आये, कुछ विषधर उनको कहते थे॥
आई मुसीबतें, सबको झेला, कुछ पत्थर उनको कहते थे।
भारत में था एक सितारा जन्मा, सब भीम उसे कहते थे॥

बड़ी बड़ी डिग्रियाँ लेने वह, तब विदेशों में भी थे जा पहुँचे।
उनके जितना अब तक कहाँ कौन पढ़ा था, जहाँ वे पहुँचे॥
भारत का संविधान बनाया, दलितों को भी हक दिलाया।
जाति-पाँति से ऊपर उठ कर, वोट का अधिकार दिलाया॥
सबको शिक्षा, सबको पानी, सब उनको देवता कहते थे।
भारत में था एक सितारा जन्मा, सब भीम उसे कहते थे॥

भारत का कानून मंत्री बन, आजीवन गरीबों के लिए लड़े।
स्वतंत्रता आंदोलन में भाग लिया, ये अंग्रेजों से खूब भिड़े॥
अंदर बाहर सबसे लड़ कर, दुनिया को सच्ची राह बताई।
अंध विश्वास का किया विरोध, बस वैज्ञानिक बात बताई॥
समान अधिकार दिया सबको, सब ज्ञानी उनको कहते थे।
भारत में था एक सितारा जन्मा, सब भीम उसे कहते थे॥

वैश्विक तापमान वृद्धि

डॉ० जय प्रकाश प्रजापति
(पता :- कानपुर, उत्तर प्रदेश)

बढ़ रहा तापमान पृथ्वी का, पर किसी के समझ न आवे।
पूरी दुनिया परेशान है, अब सबको यह गर्मी बहुत सतावे॥

आया है कलयुग देखो, कोई काम हाथ से कहाँ होता है।
कलकल कर चलती मशीनें, अब हाथ बहुत दर्द होता है॥
मोटरकार, वायुयान ने धरती से आसमान में चिल्लाया है।
धूल धुँआ की हुई बढ़ोत्तरी है, यह शोर सभी को भाया है॥
हर कोई जाने समझे, पर हर कोई अपनी ही बात बतावे।
बढ़ रहा तापमान पृथ्वी का, पर किसी के समझ न आवे॥

पिघल रहा जमा हिमालय, समुद्र का जल बढ़ता जाता।
सूख रही हैं नदियाँ सारी, बांध पानी-पानी ही चिल्लाता॥
कहाँ बरसते मेघ अब हैं, अब तो ये बादल केवल गुरति।
ये दुनिया रेगिस्तान में बदले, लोग पानी-पानी चिल्लाते॥
ओजोन परत अब गायब होने वाली, गर्मी बहुत सतावे।
बढ़ रहा तापमान पृथ्वी का, पर किसी के समझ न आवे॥

काटे जा रहे जंगल सारे, ये दुनिया विकास में मस्त हुई।
पता नहीं विकास क्या करेगा, धरती तो अस्तव्यस्त हुई॥
भयभीत हुआ ये सारा जग, मौसम भी अब बदल गया।
गर्मी से हर कोई परेशान है, पृथ्वी का नक्शा बदल गया॥
नहीं कोई है तैयार समाधान को, हर कोई मज़बूर बतावे।
बढ़ रहा तापमान पृथ्वी का, पर किसी के समझ न आवे॥

मौसम हुआ सुहावन

डॉ० जय प्रकाश प्रजापति
(पता :- कानपुर, उत्तर प्रदेश)

आज मौसम हुआ सुहावन भइया, देखो बादल गरज रहे हैं।
रिमझिम रिमझिम बारिश हो रही, बाहर को सब तरस रहे हैं॥

हर आम वृक्ष में बौर हैं आये, गुलाब खिला खड़ा मुस्काता।
गेंदे का पीला रंग देखो कितना सुंदर सबके दिल को भाता॥
आज हर कोई आश्चर्यचकित है, आज घनघोर बादल छाए।
दिन में भी आज हुआ अंधकार, गोरी खड़ी-खड़ी मुस्काए॥
हल्की ठंड से आज खड़े रोंगटे, देखो ये बादल बरस रहे हैं।
आज मौसम हुआ सुहावन भइया, देखो बादल गरज रहे हैं॥

सावन जैसा मौसम आज है, इसमें गोरी की याद सताती।
ऐसा लगता है वह आई हो, खूब हँस-हँस कर बतियाती॥
बादल जैसी जुल्फें उसकी, वह चाल निराली चलती जाती।
मोती जैसे दाँत हैं उसके, है युवा, पतली कमर ले इठलाती॥
आज नही वह पास है मेरे, फिर भी देखो नैन दरस रहे हैं।
आज मौसम हुआ सुहावन भइया, देखो बादल गरज रहे हैं॥

आज आशाओं के पुष्प खिले हैं, धूल भरे पल्लव धुले हैं।
प्रेम की ऐसी महक उठी है, ऐसा लगता सारे द्वार खुले हैं॥
जिसको देखो वही मस्त है, जिसके प्रेम नहीं वही त्रस्त है।
मन के द्वार खोल लो भइया, अभी नहीं यह सूर्य अस्त है॥
इस मौसम की तो बात निराली, नैना फिर से भटक रहे हैं।
आज मौसम हुआ सुहावन भइया, देखो बादल गरज रहे हैं॥

क्या लेकर तुम जाओगे

धन के पीछे भाग रहे हो, क्या ये ही लेकर जाओगे !
बोलो बोलो हे मानव तुम, जग को क्या दे जाओगे !!
पता नहीं क्या तुमने देखा, क्या मरघट में नहीं गये।
तथागत ने जब अर्थी देखी, घर छोड़ कर चले गये॥
पत्नी बेटा सब छोड़े, छोड़ दिया था राज पाठ भी।
ये सारी भौतिकता यहीं रही, छोड़ी निज खाट भी॥
सारी झंझट की जड़ माया, क्या ये लेकर जाओगे !
धन के पीछे भाग रहे हो, क्या ये ही लेकर जाओगे !!

डॉ० जय प्रकाश प्रजापति
(पता :- कानपुर, उत्तर प्रदेश)

दिन भर की ये मार काट, दिन भर भागा दौड़ी है।
खाना केवल दो रोटी ही तो, जाना एक न कौड़ी है॥
फिर क्यों इतने पागल हो, अपना जीवन खोते हो।
झूठ साँच कुछ भी न देखो, बस ज़हर ही बोते हो॥
ये महल, ये सोना चाँदी, क्या सबको दे जाओगे !
धन के पीछे भाग रहे हो, क्या ये ही लेकर जाओगे !!
भाग दौड़ की सीमा अपनी, क्यों ये तन खोते हो।
जब आती मुसीबतें तो, चिल्ला-चिल्ला रोते हो॥
जीवन को तुमने हाय बनाया है, चिंता लिए घूमते।
सबके धन पर नजर गड़ी है, पैसे को खूब चूमते॥
जो किया है इस जीवन में, अंत वही तो पाओगे !
धन के पीछे भाग रहे हो, क्या ये ही लेकर जाओगे !!
कोई भी यहाँ बचा कहाँ है, कोई भी रह न पाया।
खूब सारा धन किया इकट्ठा, पर ले जा न पाया॥
राजा हो या रंक सबको ही तो एक दिन है जाना।
दुनिया भर के संतों ने भी इस रहस्य को है माना॥
फिर तुम क्यों पागल हो, क्या धन को ही खाओगे !
धन के पीछे भाग रहे हो, क्या ये ही लेकर जाओगे !!
कण-कण की डोर हाथ में, बैठा वह सब ये देखे हैं।
देख-देख कर हँसता खूब है, तेरे ये काम अनोखे हैं॥
जीवन को सरल बना ले, वरना तू जीवन दे बैठेगा।
कोई बचा न पायेगा तुझको, चाहे जितना तू ऐंठेगा॥
कुछ दिन ही रहना यहाँ पे, कब समझ तुम पाओगे !
धन के पीछे भाग रहे हो, क्या ये ही लेकर जाओगे !!

करें गुरु वंदन

गुरुवर हमको देते हैं ज्ञान,
करते हैं सबका उत्थान।
हमको बनाया कुंदन,
करें गुरु वंदन।।

राहें दिखाई गुरु ने,
उन पर चल कर हम आगे बढ़े हैं।
जीवन की हर एक सीढ़ी,
उनके ही सहारे चढ़े हैं।।
हम तो बिंदु, गुरु हैं सिंधु,
सिंधु तो देता सदा,
अनमोल रतन।
हमको बनाया कुंदन,
करें गुरु वंदन।।

अनिल ओझा
(पता :- इंदौर, मध्य प्रदेश)

करे उत्तम सृजन।।
हमको बनाया कुंदन,
करें गुरु वंदन।।

गुरुवर होते वो दीपक,
जो खुद जल कर उजियारा करते।
अज्ञानता का कलुष तम,
शिष्यों के जीवन से हरते।।
गुरु दीपक, हम बाती,
पूरित निरंतर करें,
ज्ञान-रूप ईंधन।
हमको बनाया कुंदन,
करें गुरु वंदन।।

हम तो हैं माटी के जैसे,
गुरुवर हैं निपुण कुम्हार।
मिट्टी को माधव बना कर,
बतलाते जीवन का सार।।
चोट मारे, खोट काढ़े,
कृपावन्त गुरुजन,

परछाई

दे परछाई प्रेरणा, चलती हरदम संग।
छोड़े अपने हाथ तो, भरती अद्भुत रंग॥

शिशु परछाई देखता, भागे पीछे तेज।
खेल-कूद में बीतता, बचपन सुख की सेज॥

लंबी छोटी सी दिखे, थामे सूर्य कमान।
बाधा पाकर ये बने, साधक सदृश महान॥

बबीता माँधणा
(पता :- शालीमार, हावड़ा,
पश्चिम बंगाल)

मातु-पिता छाया दिखे, संतानों के बीच।
शुभ संस्कारी नीर से, रखना मन को सींच॥

कठिन आज है ढूँढ़ना, सहज आचरण रूप।
यंत्र चले द्रुत वेग से, वर्ग दीन या भूप॥

जीवन दिखता एक है, होता है कुछ ओर।
कर्म-योग की राह में, उलझी इसकी डोर॥

शब्द कई पर अर्थ तो, सरल सहज मनु जान।
ईश्वर-निष्ठा से मिले, भक्ति-योग का पान॥

मिथ्या माया-मोह है, सब जाएगा छूट।
ध्यान-मनन से भक्त ले, ईश्वर संपद लूट॥

दौड़े सब है स्वार्थ में, रहते खाली हाथ।
विरले पाते देखिए, प्रखर मित्र का साथ॥

लेखन सार्थक हो तभी, समझे पाठक-तत्व।
ज्ञान-मार्ग में ही छिपा, गूढ़ साधना-सत्व॥

मरते नहीं हम

मौसम देखकर घर से निकलते ही नहीं हम,
अपने लाख संभालें पर संभलते ही नहीं हम।

कहते है वक़्त खराब है संभलते ही नहीं अब,
पर कोई जलता है तो क्यों जलते नहीं हम?

घर से निकलते और कभी हँस देते लेकिन,
घर से निकलते अपनों को देखते ही नहीं हम।

सच बोलने की कसमें रोज खाते है लेकिन,
अदालत में भी तो झूठ से मुकरते नहीं हम।

वाज़िब है यार सच बोलना और मुकर जाना,
मंदिर रोज जाते है पर खुदा से डरते नहीं हम।

दंगे फ़साद रोज होते है कहीं न कहीं मुल्क में,
बड़े उस्ताद है करते तो हैं पर मरते नहीं हम।

सावन में बरसात भी अब हमें अच्छी नहीं लगती,
मंदिर, मस्जिद तोड़े कौन कहता कुछ करते नहीं हम।

सवाल वो नहीं है जो तुम पूछते हो "बिनोद",
मजहबी लोग है पर किसी को मानते नहीं हम।।

बिनोद कुमार सिंह
(पता :- गोपालगंज, बिहार)

बेबस लड़की

ज़िंदगी में न जाने,
एक शौक पैदा हुआ था।
सुबह उठते ही,
अख़बार की तलब लगी थी।

मासूम बच्चियों के दर्द ने,
यह शौक भी छीन लिया।
सोचो तो दिल दहल जाता है,
न जाने कितनी लड़कियों की,
आबरू कुचल दी जाती है।

ये चीखों का शोर,
न जाने कभी बंद नहीं होता।
बस रोज़ चीखों की आवाज़,
बदल जाती है।

वो मासूम-सी बच्ची,
एक आँगन की कली थी।
माँ-बाप की आँखों का तारा,
और अरमानों से पली थी।

दीक्षा राठौर
(पता :- दीपका, कोरबा, छ.ग.)

मर गई इंसानियत,
मगर इंसान ज़िन्दा है।
जिस्म को नोच खाने वाला,
वो शैतान ज़िन्दा है।

अगर देश नहीं सुधरा,
तो ऐसा दिन भी आएगा।
इस देश को बेटी देने में,
भगवान का जी भी घबराएगा।

क्या बीता उस नन्ही जान पर,
जब उन दरिंदों की,
पहली नज़र उस पर पड़ी थी।
वो कितनी चीखी, चिल्लाई होगी,
कितनी बार वो रोई होगी।

ये सोचकर मेरा कलेजा फट जाता है,
तो न जाने उसकी माँ,
कैसे सोई होगी।

भूल गया तू उन्हें

प्रणाम करो,
जिसने तुम्हें धरती पर लाया है,
पूजो उन्हें,
जिसने तुम्हें ये संसार दिखलाया है।

भगवान है सामने,
पर तुमने उन्हें पहचाना नहीं।
जो आँखों के सामने थे,
उन्हें कभी अपना माना नहीं।

तुम्हें तो बस,
पत्थरों में दिखने वाला भगवान चाहिए।
पर जो जीते-जागते थे,
उन्हें कभी अपना न समझ पाए।

इंसान तू संभल जा,
कद्र कर,
जिसने तुझे चलना सिखाया है,
गिरने पर संभाला है,
हाथ पकड़कर जीना सिखाया है।

मनोज कुमार महिलांगे
(पता :- कोरबा, छत्तीसगढ़)

मत कर जीवनदाताओं का अपमान।
तेरे असली भगवान तेरे घर में हैं,
उनके चरणों में ही स्वर्ग के दर हैं।

तुझे उनका कोई मोल नहीं,
जिन्होंने पत्थर बनकर,
कितनी ठोकरें खाई हैं।
अब तू पूजा कर,
उनकी जिन्होंने,
तुझे इंसान बनाया है।

दुनियादारी में इतना खो गया तू,
कि अपने असली भगवान को,
पत्थर समझ बैठा है तू।

हर दर्द को अपने दिल में छुपाया,
तेरी खुशी के लिए खुद को भुलाया,
तू हँसे, बस यही दुआ की हमेशा,
अपना हर सपना भी तुझ पर लुटाया।

अब भी वक्त है, जाग जा ऐ इंसान,

खुशियों की सौगात

रचना सहाय
(पता :- जमशेदपुर, झारखंड)

परम पिता की परम कृपा से
सब खुशियाँ मिल जाएँगी।
जब बाँटोगे खुशियों को तुम
व्याधि कभी न आएगी।
खुशी बिखेरो, खुशी मिलेगी
गम के बादल कभी न छाएँगे।
बारिश होगी खुशियों की केवल
उपवन में पुष्प खिल जाएँगे।
जीवन बगिया को महकाएँगे,
दो कटु वचन बोलकर
तुम चैन कहाँ से पाओगे?
खुद के बुने ही जालों में
जीवन के तानों-बानों में
उलझन ही उलझन होगी केवल
कुछ हासिल न हो पाएगा।
कोई मंज़िल कभी न आएगी
हर रोग निराशा आकर ही
जीवन में अंधकार फैलाएगी।
छोटी सी खुशियाँ बिखेरकर देखो
सब सुगम - सरल हो जाएगा।
जीवन की बंजर भूमि पर
हरियाली छा जाएगी।।

क्या और कैसे गाऊँ मधुर स्वरों में

स्वर पी डाले अंगारों ने।
मधुर स्वरों में क्या गाऊँ,
स्वर पी डाले अंगारों ने।।

शबनम के कोमल कंधों पर,
चल पड़ी ज़िंदगी की डोली,
नभ के हर कोने से घिर-घिर,
बादल ने फैलाया झोली।
ली लूट चाल की मस्ती,मौज,
हर पग पाषाणी राहों ने,
मधुर स्वरों में क्या गाऊँ...

तूफाँ उठा भारी दिल में,
चल रही साँस की गर्म हवा,
कैसा जीवन यह कलुषपात?
कैसा दिल का यह दर्द नया?
चुन डाले शबनम के मोती,
आतप ने गर्म बयारों ने,
मधुर स्वरों में क्या गाऊँ...

मैं लुटता रहा बहारों - सा ,
पतझर के निष्ठुर हाथों में,
दीपक - सी जलती रही सदा,
मैं रजनी की हर बातों में,
खो गए सभी रंगीन स्वप्न,
आँखों के भग्न कगारों में,
मधुर स्वरों में क्या गाऊँ....।।

विजय कुमार सिन्हा
(पता :- गया, बिहार)

ज़िंदगी एक अज़ाब

ज़ुल्फ,अंगड़ाई,तबस्सुम,चाँद,आईना गुलाब,
भुखमरी के मंचों पर ढल गया इनका शबाब।

पेट के भूगोल में उलझा हुआ है आदमी,
इस अहद में किसको फ़ुरसत है पढ़े दिल की किताब।

इस सदी के तिश्नगी का जिस्म होठों पर लिए,
बेयकीनी के सफ़र में ज़िंदगी है इक अज़ाब।

डाल पर मजहब की पैहम, खिल रहे दंगों के फूल,
सभ्यता पीरो के हमाम में है बेनक़ाब।

चार दिन फुटपाथ के साये में रह कर देखिये,
डूबना आसान है, आँखों के सागर में जनाब।

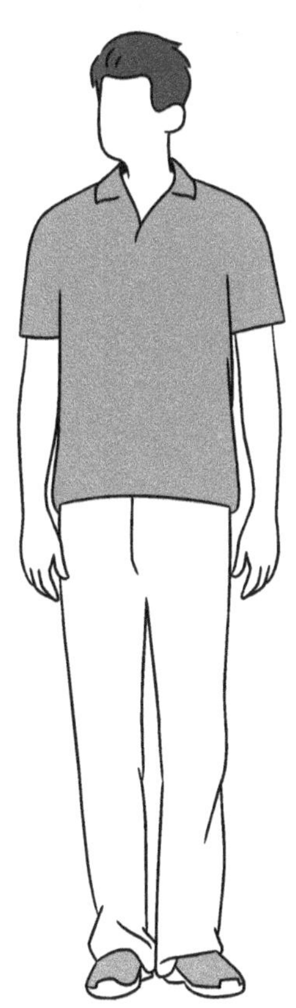

विजय कुमार सिन्हा
(पता :- गया, बिहार)

पत्ते ने पूछा पेड़ से

टूटे पीले पत्ते ने पूछा पेड़ से,
क्यों जुदा कर दिया मुझे एक ही पल में?
बताओ तो सही!
ऐसा तुझे क्या गम था?
मैं कहाँ हरे पत्ते से कम था ?
पेड़ ने कहा सब गिरा रहे थे पुराने पत्ते,
मैं भी चल पड़ा उसी होड़ में,
फागुन में एक नई-सी चादर ओढ़ने।

मीना सूरी
(पता :- पंचकूला, हरियाणा)

पत्ते ने पूछा -
क्यों पतझड़ की हवाओं में
लगा तू खुद को झिंझोड़ने,
मैं हुआ कब से तुझ पर भारी?
तू लगा कब से पत्तों की गिनती जोड़ने?

जो सब कर रहे,
तू न चल उस होड़ में।
अमर तू खुद भी नहीं
क्यों लगा संजीवनी खोजने?
दूसरे जो करें, करने दे,
तू रह अपनी मौज में।
चलन शुरू कर नया-सा,
देख, तू भी इस बार
एक साथ हरी-पीली सी चादर ओढ़ के।।

विश्व पुस्तक दिवस

विश्व पुस्तक दिवस आज है,
पुस्तकों का सम्मान करो।
पुस्तकों से शिक्षा लेकर के,
जीवन अपना सफल करो।

पुस्तक प्रेम रखा जिसने,
उसका जीवन सफल हुआ।
बंद किताब खोलकर देखो,
भंडार ज्ञान का भरा हुआ।

माता पिता सिखाते हैं जो,
वह भी ज्ञान की पुस्तक होती।
माँ बचपन की पहली गुरू है,
पहला ज्ञान वही सिखलाती।

स्नेह प्यार माँ की ममता का,
पहला पाठ माँ ही सिखलाती है।
पापा,मम्मी,दादा,दादी,भाई,बहिन,
इन सब रिश्तों का पाठ पढ़ाती है।

माता-पिता की बात मानना,
सभी बड़ों का आदर करना।
ईश्वर सबसे बड़ा ज्ञानी होता है,
उसके सामने सिर को झुकाना।

स्कूल कॉलेज में शिक्षा लेते,
पुस्तक से प्रेम हमेशा करना।
जीवन की मंजिल को पाने में,
शिक्षक गुरू से ज्ञान सीखना।

मन से ज्ञान पुस्तक से सीखना,

डॉ० अनन्तराम चौबे अनन्त
(पता :- जबलपुर, मध्य प्रदेश)

रटकर पुस्तक कभी न पढ़ना।
जो भी पढ़ो पर अच्छा पढ़ना,
जिसे सीखकर आगे बढ़ना।

माँ के मेरे आँचल से

आनंद जैन 'अकेला'
(पता :- कटनी, मध्य प्रदेश)

सारी दौलत भी फ़ीकी है,
माँ के मेरे आँचल से।
नेह बरसता मुझ पर निश दिन,
जैसे बरसे बादल से॥

जब-जब पास गुजरती मेरे,
आती खुशबू चंदन सी।
आने से आहट मिल जाती,
रुनझुन उसकी पायल से॥

कायनात में बड़े हों जितने,
कोई भी गौरव शाली।
माँ के चरणों में झुक जाते,
लगने लगते कायल से॥

कौन नहीं चाहेगा चखना,
अमृत माँ की ममता से।
कितनी ठंडक मिलती दिल को,
पूछो दिल के घायल से॥

गहरी नींद 'अकेला' आती,
दर्द सभी छू हो जाता।
ज्यों मिल जाये कोई सहारा,
तूफानों में साहिल से॥

कौन?

कौन? कौन?
चुरा लाया है मुझ से मेरे ख्वाब को ,
अलसाए से मेरे पल-छीन,
महकते-महकते एहसास को ।
भरी है सुनहरी किरणों से ,
ख्वाहिशें बेहिसाब मेरी,
टूटने थे जो टूट गए ,
कुछ अधूरे ख्वाब ही तो थे ।
अब रुकना ....
मुड़ कर दोबारा देखना....
हमसे मुमकिन न होगा ,
चलना है फिर दौड़ कर उड़ जाना है।
फलक तक जहाँ पक्का मुक़म्मल ख्वाब होगा ,
भरना है ख्वाहिशों को आगोश में अपनी,
सजाना है कामयाबी के मोती से आँचल अपना ।
चूमना है उस आसमान को,
छाना है इस जहां में,
बदलना है तकदीर को अपनी,
पाना है हीरो से जड़े उस ताज को।

गोल्डी अधिकारी
(पता :- रुद्रपुर, उत्तराखंड)

शेष

ताउम्र सुलगती रही,
खुद के जले सवालों से,
कभी जवाब न मिला,
कभी इत्तेफाक न मिला।
सिर्फ और सिर्फ उलझी रही अपने मन और
दिमाग के कौतूहल में,
साँस कभी स्थिर न चली,
कभी खुद के ख्यालों से जली और बेचैन रही मैं।
हर पल एहसास तीतर - बीतर ही रहे ,
न जाने क्या पाना रह गया शेष..... ?

गोल्डी अधिकारी
(पता :- रुद्रपुर, उत्तराखंड)

इस ज़िंदगी में जो माँगा उस खुदा से,
कभी देने में देर ही न की,
दिया और निरंतर दिया,
फिर भी अभी क्या पाना है शेष ..... ।

घुटन होती है अपने ही सवालों से,
गला और आँखें भर आती हैं,
सब सोच कर यूँ ही ,
क्या सिर्फ मैंने खुद को ही अनदेखा किया है
ज़िंदगी भर .... ?

सपनों की लाश

गोल्डी अधिकारी
(पता :- रुद्रपुर, उत्तराखंड)

हो रहा कैसा ?
कोमल जीवन का विनाश देखो,
झूठे प्यार और विलास्ता में फंसे ,
हर युवा के बिखरे-बिखरे
सपनों की लाश देखो।
न मान रहा किसी का ,
न सम्मान ही है बाकी ,
न उम्र का दायरा ,
बस भूखी कामनाओं की प्यास देखो ।
ओझल होता अतीत है,
भविष्य में फैला अंधकार देखो ,
हर युवा के बिखरे-बिखरे सपनों की लाश देखो।
न पढ़कर आगे बढ़ना है,
न होता उज्जवल जीवन का विकास देखो।
हर शख्स को हर नज़र में प्यार होता जाता है,
कैसी है यह विंडबना ,
कैसा यह विनाश देखो ।
हर युवा के बिखरे-बिखरे सपनों की लाश देखो।
न कदर है माँ-पिता के प्यार और कुर्बानी की ,
निज स्वार्थ में बिखर रहे औखड़ इनका मिजाज़ देखो ।
ठोकरो में है माई-बाप ,
अब तो होते निस्वार्थ प्रेम का विनाश देखो,
हर युवा के बिखरे-बिखरे सपनों की लाश देखो।

दादाजी

दादाजी ओ दादाजी, हम सबके प्यारे दादाजी।
सबसे पक्के दोस्त हमारे, वो थे प्यारे दादाजी।

सफेद धोती, सफेद कुर्ता, लम्बी चौड़ी कद काठी।
मूँछें उनकी शान बढ़ाती, हाथ में होती हरदम लाठी।

कोई बच्चा गोद में जा सोये, कोई कंधे पर जा झूले।
शरारत हमारी प्यारी उनको, बड़े दिलवाले दादाजी।

साथ हमारे खेले-कूदे, कभी बैठें आँखो को मूँदे।
छुपा-छुपी खेल खेलें, कबड्डी में अव्वल दादाजी।

छगनलाल मुथा "सान्डेराव"
(पता :- मुम्बई, महाराष्ट्र)

रेलगाड़ी के इंजन बन जाये, टेढ़ी-मेढी रेल चलायें।
दूर-दूर तक हमें भगायें, बड़े नटखट हमारे दादाजी।

सब बच्चों को साथ बैठाकर, ज्ञान की है बातें करते।
जो जीते सच्चाई से जीवन, नहीं वो किसी से डरते।

बड़ी इज़्ज़त उनकी गाँव में, सभी जो कहते वो करते।
वाद-विवाद कोई गाँव में, सही-ग़लत का फैसला करते।

उनके कदमों पर चलकर ही, जीवन हमारा चंदन है।
दादाजी के चरणों में मुथा का, शीश झुकाकर वंदन है।

ज़िंदगी का सच

छगनलाल मुथा "सान्डेराव"
(पता :- मुम्बई, महाराष्ट्र)

बचपन बिता, आई जवानी, दौलत तूने बहुत कमाई।
कैसे भी हो दौलत कमाने, झूठी-मूठी कसमें खाई।

बहुत धन इकट्ठा कर दिया, किसी पर तुझे दया न आई।
भूल गया मोह माया में सब, कौन दोस्त और कौन है भाई।

बच्चे जब हो गये सयाने, समाज को बड़ी हैसियत दिखाई।
अपने नाम की तख्ती लगाने, बहुत ही ऊँची बोली लगाई।

बीती जवानी, आया बुढ़ापा, अब कोई नहीं करे सुनवाई।
भेज दिया वृद्धाश्रम बेटों ने, उन्हें जरा भी दया न आई।

अंत समय याद करें प्रभु को, हाय प्रभु ये कैसी घड़ी आई।
दो गज कफ़न में तुझे लपेटा, अपनों ने ही चिता जलाई।

राख हो गई तेरी निर्मल काया, सुंदर सी एक तस्वीर बनाई।
तेरी दौलत 'मुथा' मोती की माला, जो आखिर तेरे हिस्से आई।

अहसास कुछ ऐसे भी

अहसास कुछ ऐसे भी हैं, जो मरते नहीं हैं।
पाएँ दर्द ऐसे भी, जो भरते नहीं हैं।

प्रिया ने सपने देखे, सम्भाले भी बहुत।
आँखों ने सपने देखे, सम्भाले भी बहुत।
धोखे में खुशियों के दर्द पाले भी बहुत।
कहने को बहुत कुछ है, मुँह पे ताले भी बहुत।
सपने भी अब आँखों से गुजरते नहीं हैं।
आँखों से सपने भी अब गुजरते नहीं हैं।

निकले वो बेगाने जो पाए थे अपने।
बेगाने वो निकले जो पाए थे अपने।
हकीकत तो क्या देते, छीने मुझसे मेरे सपने।
हकीकत तो क्या देते, छिने प्रिया के सपने।
अब तो शबनम भी शोलों-सी लगी है तपने।
प्रिया शबनम, शोलों-सी लगी है तपने।
अब राहे-खुशी में कदम निकलते नहीं हैं।

प्रिया प्रिंसेस पवाँर
(पता :- द्वारका मोड़,
नई दिल्ली-78)

मैं जीने लगी तेरे प्यार से

एक सन्यास था ।
एक वनवास था ।
न बुझनेवाली एक प्यास था ।

छूटा सन्यास अब ।
टूटा वनवास अब ।
प्यास सावन बनी ।
मैं तो पावन बनी ।
अब मैं जीने लगी तेरे प्यार से ।
अब कुछ न चाहूँ इस संसार से ।
टूटी हर चाहत का, एक इतिहास था ।
जो पूरी न हो, एक ऐसी आस था ।

बदला इतिहास अब ।
पूरी हर आस अब ।
अब मैं जीवन बनी ।
अब मैं कुंदन बनी ।
खिलता गुलशन बनी ।
नित नए खिलते पुष्पों का उपवन बनी ।
अब मैं जीने लगी तेरे प्यार से ।
अब कुछ न चाहूँ इस संसार से ।

देखा जग मैंने अब तो जाना प्रियतम ।
जग में अपने भी हैं अब ये माना प्रियतम ।
मेरे अपनों ने तो जीवन ऐसा दिया ।
जीवन, जीवन न था एक त्रास था ।
न सही जाए जो, कही जाए जो...
दिल में अटकी हुई ऐसी एक फ़ांस था ।

जीवन, जीवन न था,
एक त्रास था ।

प्रिया प्रिंसेस पवाँर
(पता :- द्वारका मोड़,
नई दिल्ली-78)

दिल में अटकी हुई,
एक फ़ांस था ।
त्रास अब न कहीं ।
फ़ांस अब न रही ।
प्रेम-वंदन बनी ।
मैं तो चन्दन बनी ।
अब मैं जीने लगी तेरे प्यार से ।
अब कुछ न चाहूँ इस संसार से ।

तुम साथ दो तो पहली प्रीत लिखूँ

गीत लिखूं संगीत लिखूँ,
तुम साथ दो तो, पहली प्रीत लिखूँ।

प्यार की पतवार से सागर पार कर लें।
थोड़ा-थोड़ा जी लें यारा, थोड़ा-थोड़ा मर लें।

तेरे प्यार की छाया में जिंदगी गुजार दूं।
अपने रूप-यौवन को साजन तुझपे वार दूं।

प्रिया प्रिंसेस पवाँर
(पता :- द्वारका मोड़,
नई दिल्ली-78)

तेरे प्रेम की मदिरा पीकर दुनिया भूल जानी है।
सच्चा बस प्रेम है यारा बाकी सब कहानी है।

बाँध के तेरे प्यार की पायल, छन-छन छनक़ाना है।
न चाहूँ मैं सोना-चांदी, बस तुझे ही पाना है।

तू ही संगीत मेरा, तू ही हर तराना है।
न चाहे 'प्रिया' दौलत कोई, बस तुझे ही पाना है।

बना नील-गगन को पन्ना, उस पर एक नई रीत लिखूँ।
हार के अपना सब-कुछ तुझपे, जीवन की नई जीत लिखूं।

जो तुम साथ दो मेरा, तो पहली प्रीत लिखूं।
गीत लिखूँ, संगीत लिखूं...

तुम साथ दो तो, पहली प्रीत लिखूँ।
जो तुम साथ दो मेरा तो, पहली प्रीत लिखूँ।

एक बार खुद से कहना तुम

क्यों किसी से कुछ सुनने की इच्छा रखते हो,
एक बार खुद से कह कर तो देखो,
खुद से कितना प्यार करते हो तुम!

उषा टिबड़ेवाल
(पता :- चेन्नई, तमिल नाडु)

अपने से जुदा कर तन्हा ना होने देगा यह दिल,
कभी एक बार खुद को तुम अपना कर तो देखो!

खुद के साथ, हौसला कर चलकर देखो,
कठिन पथ सरल हो जाए,
एक बार खुद पर विश्वास करके चलकर देखो तुम!

इतना भी मत सोचो, टूट कर जब बिखर जाओगे,
खुद को अपने में समेट लूँगा,
एक बार खुद को समझाना तुम!

अपने दिल से पूछना,
किस के लिए धड़कता है,
आँखों में खुद से प्यार है,
यकीन ना आये तो आजमा लो खुद को तुम!

शीशे के सामने खड़े होकर खुद अपनी आँखो से आँखें मिला,
आईना में देखना, खुद में खुद कितने पूर्ण, खुश हो,
एक बार खुद से कहना तुम॥

चाहे कुछ कम पल ही जिए

उषा टिबड़ेवाल
(पता :- चेन्नई, तमिल नाडु)

चाहे कुछ कम पल ही जियें,

पर हम तुम जब साथ-साथ होंगे,

मैं तेरी तुम मेरे,

इस आत्मविश्वास के साथ जियें।

बढ़ जाती है थकावट,

जीवन के उतार चढ़ाव के साथ,

चलते जाते हैं ज़िन्दगी की कहानी के साथ,

पर कहानी कैसी हो,

उपन्यास होगा सच्चा विश्वास के साथ,

आत्मविश्वास लेके,

खुद के साथ कुछ पल बिताएँ,

उन कीमती पलों में, कोई भी चिंता नहीं सताये।

ज़िन्दगी में कितना ही संघर्ष या दुख हो,

चेहरे पर कभी हँसी जाने ना पाए।

भोर में उठने के साथ,

मुट्ठी में सौ आशाओं के सपने ले कर उठते हम,

धीरे-धीरे जब गुज़रती है ज़िन्दगी की शाम,

जब एहसास होता, हाथ में जो थे रेत के सपने,

कुछ पूरे हो हाथ में रह,

और कुछ हाथ से अपने आप फिसल सी जाती है।

तब लगता है ज़िन्दगी का पल पानी सा बबूला,

यह एक रेत है।

शायद हमने खुद ही ज़िन्दगी को कभी समझ जिया ही नहीं,

ज़िन्दगी की इस कश-म-कश में,

अब खुद के लिए अपने आत्मविश्वास को जगा,

कुछ पल निकाल खुद के कुछ अरमान पूरे कर,

तेरे साथ खुद के लिए जीना है।

दिल ने अब धड़कना भी छोड़ दिया

तुम तो चले गए हमको तन्हा छोड़कर,

तेरी याद में,

दिल ने अब धड़कना भी छोड़ दिया।

एक तेरे जाने के बाद,

पता है कटता नहीं है वक्त,

तेरे बिन अकेले में,

चारो दीवारों के बीच बैठी हूँ अँधेरों में,

आओ पास मेरे, आशा का प्रकाश ले,

थाम लो हाथ,

फिर से समा जाओ मेरी धड़कन में,

तुम तो रूठे पर यह तो बताओ हम कहां जाएं,

मेरी साँसें हर पल तेरा नाम लें,

दिल ने अब धड़कना भी छोड़ दिया तेरे जाने के बाद।

दो कदम तुम चले तो दो कदम हम चले थे,

प्यार, विश्वास की राह थी,

हुई ऐसी क्या ख़ता,

ज़िन्दगी के बीच राह की मोड़ पर,

तुम छोड़ चले, हम यूं बिखरे,

दिल भी अब ना संभले, एक तेरे जाने के बाद।

आओ अब हमें संभालो,

जो हुई मुझसे ख़ता उसे भुला डालो,

अब बस तुम चले आओ और खुद ही देख लो,

दिल ने धड़कना छोड़ रखा बस एक तेरे जाने के बाद।

और दिल भी जब धड़केगा,

सिर्फ तेरे लौट आने के बाद।।

उषा टिबड़ेवाल
(पता :- चेन्नई, तमिल नाडु)

एक दूजे बिन अधूरे

उषा टिबड़ेवाल
(पता :- चेन्नई, तमिल नाडु)

कागज : कलम मेरी दोस्त,

तुम बिन मैं अधूरा, मेरे बिन तू भी अधूरी।

कलम : तुम मेरी जुबान और औरों के दिल में जो होता,

वो दास्तान मैं लिखती।

कागज : जो तू लिखती, पढ, सुनता हूँ,

दर्द भरी कहानी, या प्यार की दास्तान।

कलम : तुम ना होते, कैसे पढ़, कौन सुनता,

किसी के प्यार या दर्दों की दास्तान।

कागज : तुम ना होती,

कौन बयां ज़बान लिख बताता मेरा महत्व।

कलम : मेरी हर हाल जान सब बात का राज रखता है,

तुम ना होते, अपना राज किसे बता, कहाँ लिखते हम!

कागज : सोचो अगर तुम ना होते,

मेरा महत्व और मेरे हाल पूछता कौन!

कागज और कलम एक सिक्के के दो पहलू,

एक-दूजे बिन अधूरे,

एक है दिल, तो दूसरा धड़कन,

दोनों साथ हो, तो हरेक के दास्तान हों पूरे॥

यादों के ख़्वाब

यादों का ख़्वाब का एक परिंदा बन,

भविष्य में जब उड़ने लगता है,

वही ख़्वाब कभी मीठी या तो कभी खट्टी यादें महसूस करता है,

फिर ज़िन्दगी की यही यादें जीने की वजह बन जाती हैं,

और एक अलग सी ख़ुशी का ख़ुमार,

दिल को सुकून देता है।

एक अज़ीब सा गुदगुदा-सा एहसास फिर से ताजा कर जाता है,

कैसा भी दुख-दर्द हो,

मीठी याद से मिठास खुल जाता है।

इसी एहसास में दिल ग़म भूल खुशी में डूब जाता है।

किसी को वो मंजिलें नहीं मिलतीं,

जो हम पाना चाहते थे।

फिर भी कुछ अच्छे यादों के ख़्वाब का एहसास,

अपनापन जता ज़िन्दा रखता है।

उषा टिबड़ेवाल
(पता :- चेन्नई, तमिल नाडु)

मंजिल कोसों दूर दिखती,

पर ख़्वाब में पास का अहसास होता है।

कोई दूर कोसों होकर भी दिल के पास हो जाता है।

ना कभी ख़्वाब टूटे,

ज़िन्दगी में यह ख़ुशी परिन्दा बन,

ज़िन्दगी के सफ़र में यूँ ही उड़ता रहे।

यह एक कल्पना होकर भी,

यादों से ज़िन्दगी में खुशी के रंग भरता है।

यादों के ख़्वाबों का यह परिंदा,

यूँ ही बस अपनी उड़ान भरता रहे॥

मखमली यादों सा मुस्कुराता है पलाश

पलाश की मुस्कान
उसके रंगों में चहक़ रही है
बिखरी है रंगत कण-कण में

महक़ उठी हैं फ़िज़ाएँ
देखकर प्रकृति की हरियाली और उस पर
पलाश की मखमली काशीदाकारी

आचार्या नीरू शर्मा
(पता :- कांगड़ा, हिमाचल प्रदेश)

चलो तुम यूँ हौले - हौले...पग-पग धरकर
ज्यों चले नन्हा शिशु
कोमल पाँव धरा पर रखकर

सूरज भी मुस्काया है
देखकर पलाश का रंग चटकीला
अनुपम...अद्भुत है यह खजाना प्रकृति का

समेटकर...सँजोकर रखना
प्रकृति के इस अनुपम रूप को तुम और
करना संरक्षण इसका सदा मिलजुलकर

जुड़ी हैं इससे...बहन...भाई...मित्रों संग की
खिलखिलाती बचपन की शरारतें
चटक चमकते मखमली से फूलों का अहसास

पलाश है मुस्कान हमारी
यादों के झरोके मुस्कुराते खुलते हैं इसके तले
जो खिले यह तो समझना मुस्कुराए हैं हम

हाँ, पलाश....पलाश है यह
पहाड़ों के अंचल तले
घने जंगलों में दूर से नज़र आता
हाँ....पलाश....मखमली यादों सा सदा मुस्कुराता...।।

आज भी हैं

संजय कुमार राव
(पता :- गोरखपुर, उत्तर प्रदेश)

हम हज़ारों मील उड़कर आ गए पर,
मील के पत्थर गड़े वो आज भी हैं।

ख़्वाब के उजले उजालों में तराशे,
शब्द के अक्षर गढ़े वो आज भी हैं।

मरहमी बातें परोसें दूसरों को,
ज़ख्म सीने में पड़े वो आज भी हैं।

मतलबी दुनिया भले ही हो गई है,
साथ देने थे खड़े वो आज भी हैं।

'येन बद्धो बली राजा..' से बँधाएऽ,
कच्चे धागों के कड़े वो आज भी हैं।

यादें हैं संचित थाती

यादें सुन्दर प्रेम-धरोहर, यादें हैं संचित थाती।
यादों की हम बात करें तो, होना ना तुम जज़्बाती॥

बचपन की वो धमा-चौकड़ी, इक्कट-दुक्कट ता-थैया।
पल में हँसना, पल में रोना, मान मनाना ओ भैया॥
काश मुझे फिर कहता कोई, हो कितने तुम उत्पाती!
यादें सुन्दर प्रेम-धरोहर, यादें हैं संचित थाती॥

संजय कुमार राव
(पता :- गोरखपुर,
उत्तर प्रदेश)

यौवन की दहलीज धरी, तो छाए नैना मधुर सपन।
दिन खोए-खोए से लगते, दिल में जागी मीठी अगन॥
सपनीला फिर वो दिन आया, आई जब तू इतराती।
यादें सुन्दर प्रेम-धरोहर, यादें हैं संचित थाती॥

जीवनपथ आसान हुआ जब साथ मिला तेरा प्यारा।
मात-पिता संग मेल मिलाती, तू जीती लो मैं हारा॥
जीवन के संघर्षों में पर, भूल गए ओल्हा-पाती।
यादें सुन्दर प्रेम-धरोहर, यादें हैं संचित थाती।

गुज़र गए जो प्यारे परिजन, बरबस ही वो याद आएँ।
कौन दिलासा देगा हमको, किसके बल हम इतराएँ॥
याद किए नैना भर आएँ, हो जाती हैं बरसाती।
यादें सुन्दर प्रेम-धरोहर, यादें हैं संचित थाती॥

धरती माता

धरती माता अब अपने, संतानों से हार रही।
देखो! अपनी धरती माता, रो रही, चित्कार रही।।

चन्दन केशरी
(पता :- झाझा, जमुई, बिहार)

जिन वृक्षों को काटा तुमने, फल देते थे, देते छाया।
कुल्हाड़ी से किया प्रहार, क्या यही तुमको है भाया?
हो गए सब बाग सूने, जिसमें कभी बहार रही।
देखो! अपनी धरती माता, रो रही, चित्कार रही।।

प्राणवायु की कमी से, मच जाएगा हाहाकार।
तड़प कर नहीं मरना तो, करो तुम अभी सुधार।
इंसानों के स्वार्थ का क्यों, धरती यह शिकार रही?
देखो! अपनी धरती माता, रो रही, चित्कार रही।।

शर्म भी नहीं आई जब, किया प्रदूषित तुमने जल।
इतना भी नहीं सोचा कि, जिओगे तुम कैसे कल?
पड़ा सूखा जहाँ कभी, वर्षा की बौछार रही।
देखो! अपनी धरती माता, रो रही, चित्कार रही।।

है यही कर्त्तव्य तुम्हारा, अपनी ये धरा बचा लो।
बहुत कीमती है हरियाली, जग हरा-भरा बचा लो।
जिसको तुमने माँ कहा, वह धरती पुकार रही।
देखो! अपनी धरती माता, रो रही, चित्कार रही।।

जीवन पर संकट आने से, पहले तुम सुधार करो।
घाव दिए जो धरती माँ को, अब इसका उपचार करो।
है विश्वास बचाओगे तुम, तेरी राह निहार रही।
देखो! अपनी धरती माता, रो रही, चित्कार रही।।

धन्यवाद

9 7 9 8 8 8 9 9 6 1 0 1 7 2